基于Mixly的
创意智造

主　编　万　飞　张清泉

编　委　高展鹏　赖鹏津　黄潮滨

陕西新华出版传媒集团

陕西人民教育出版社

·西安·

图书在版编目（ＣＩＰ）数据

基于 Mixly 的创意智造 / 万飞，张清泉主编 . -- 西
安 : 陕西人民教育出版社，2021.4
ISBN 978-7-5450-8054-4

Ⅰ . ①基… Ⅱ . ①万… ②张… Ⅲ . ①单片微型计算
机－程序设计－中小学－教材 Ⅳ . ① G634.671

中国版本图书馆 CIP 数据核字 (2021) 第 066850 号

基于 Mixly 的创意智造
JIYU Mixly DE CHUANGYI ZHIZAO
主编　万　飞　张清泉

出　　版	陕西新华出版传媒集团 陕西人民教育出版社
发　　行	陕西人民教育出版社
地　　址	西安市丈八五路 58 号
责任编辑	王　玉
经　　销	各地新华书店
印　　刷	定州启航印刷有限公司
开　　本	787 毫米×1092 毫米 1/16
印　　张	11.25
字　　数	200 千字
版　　次	2021 年 4 月第 1 版
印　　次	2021 年 4 月第 1 次印刷
书　　号	ISBN 978-7-5450-8054-4
定　　价	58.00 元

前 言

有人说"每个孩子天生都是艺术家";也有人说"每个孩子天生都是发明家"。我们初中生总会有很多独特的创意,但是这些创意能得到实现的却不多。如何才能让我们的创意触手可及?结合开源硬件和开源软件Mixly、Scratch、App Inventor的创客教育让学生通过参与基于问题的项目式活动的学习来体验合作分享的创客精神,激发学生的好奇心及参与积极性,从而能有效地促进知识内化迁移和高阶思维能力的提升,是培养学生科学精神、实践创新的核心素养的重要途径。融合STEM教育理念的开源硬件、开源软件等知识的学习,是综合运用各学科知识,把学生的奇思妙想变成现实的一种着眼于未来的教育。

创客教育的核心是"造物"和"分享"。在创客教育中,学生会综合运用各学科知识,历经创意、设计、制作、编程、分享等动手实践过程。而这其中,创客作品是创客教育中非常重要的载体。创客作品一般由结构材料、电子传感器、编程三大部分组成。如何选择材料、搭建电路、编写程序是创客作品设计中要解决的三个重要问题。本书将在以上方面给出既有的探索,以期给开展创客教育的学校及实践作品制作的学生提供一些思路和具体的方法。

书中的作品尽可能地选择了生活中易得的物品和材料,对它们进行加工制作,是希望借此传递"生活即学习"的理念,同时希望学生在创意出现时可以在任何场所进行创客作品制作。采用标准、统一的器材和套件在教学上也许可以带来些许便利,但是却忽视了学生的个性发展,也很难在作品身上看到学生留下的独特足迹。书中的案例只是给出了一个用基础材料搭建的作品,而学生自己在实践过程中可以根据已有的材料进行搭建,相信他们做出来的作品会各具特色。本书作品在兼具实用的前提下尽可能做到有趣、好玩,进而激发学生去探究解决生活中问题的方法和途径。

本书每一课的内容按照作品制作流程包含了创意想法、任务描述、搭建电路、编写程序及结构搭建五个部分，最后加上适当的拓展与提高的内容。读者可以在阅读的过程中动手创作，最终完成属于自己的个性化作品。在每一课的最后都有学生工作纸，也希望同学们在掌握本课知识的基础上，发散思维，萌发创意，创造出一个新的作品。

　　来吧，亲爱的同学们，让我们一起拿起工具做个创客，尝试着每天去创造点什么，将我们生活的这个世界变得更美好。

Contents
目录

第一章　基础篇

创客（Mak-er）"创"指创造，"客"指从事某种活动的人，"创客"本指勇于创新，努力将自己的创意变为现实的人。创客教育是当代科技与创新教育结合的产物，符合国家科技创新的理念，得到的关注也越来越多。

这一章，让我们一起尝试拨开创客智造的神秘面纱，以递进式的项目开展，让同学们学习一种创客智造的方式方法，初步掌握创客的软硬件和各种工具使用技术，一起来做个小创客吧！

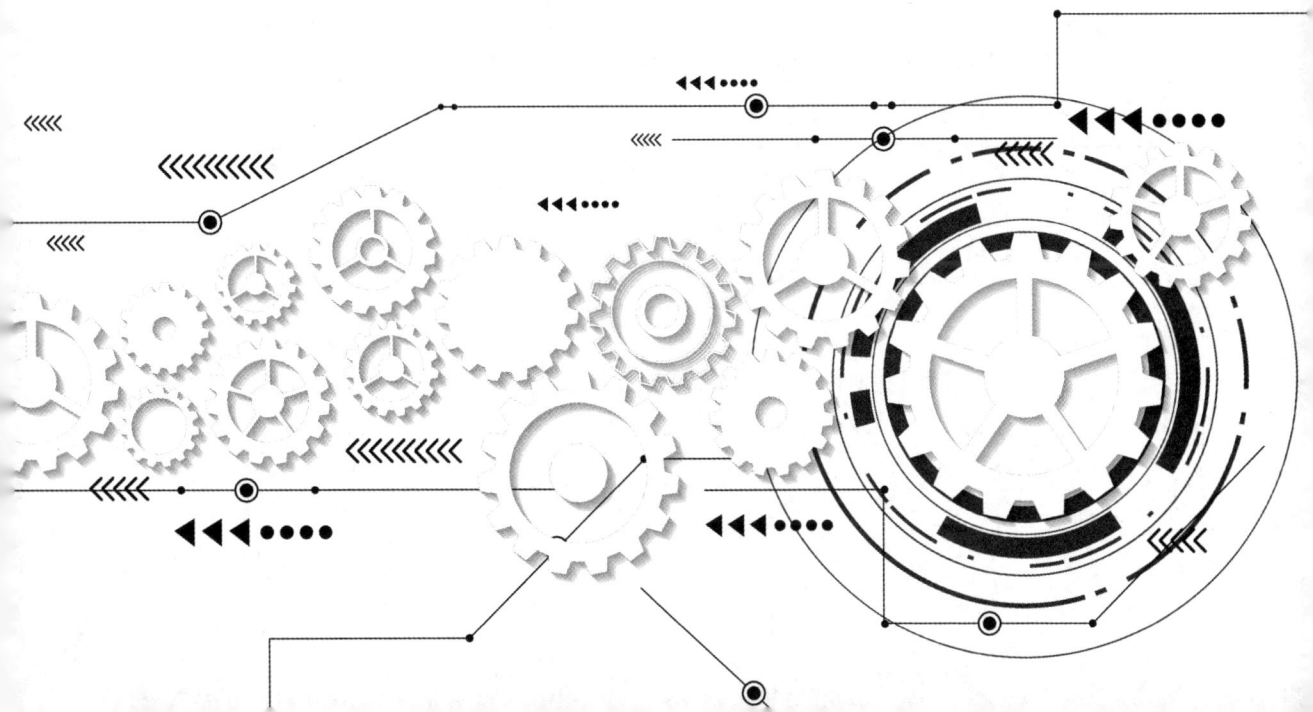

第1课　Hello，招财猫

一、观察与思考

很多商店会在进门口柜台处摆一只可爱的招财猫，一来寓意生意兴隆、招财进宝，二来也对进店顾客表示热烈欢迎。当我们走进商店时，总会被这只可爱的招财猫吸引。

相信每位学过编程的同学一定经历过"Hello World！"的编程第一课，它带着我们打开编程世界的大门。而在学习本书第一课时，就让可爱的招财猫带着我们进入Mixly创客的大门吧。请同学们带上好奇心想象一下，如果自己制作一只会主动打招呼的招财猫，它应该是什么样子的呢？

图 1-1 招财猫

图 1-2 招财猫

> **任务：**
> 我们就利用现有器材来制作一个"招财猫"的小玩偶，当我们摇晃它或者"吵到"它的时候，玩偶会睁开眼睛并对我们说："你好，欢迎光临！"

二、项目筹备

（一）组建团队
请组建你的团队，并对组内成员进行分工。

（二）准备器材
本项目需要的传感器和其它器材如表 1-1 所示。

表1-1　器材需求表

序号	名称	数量	用途
1	木板、亚克力板	若干	小玩偶外观材料
2	激光切割机	1 台	切割木板、亚克力板
3	热熔胶枪	1 把	粘贴作品及传感器等零件
4	Arduino UNO R3 主控板	1 块	编程主板
5	DFRobot IO 传感器扩展板	1 块	主板扩展版
6	超声波传感器	1 个	检测是否有人靠近
7	舵机	1 个	招财猫"招手"
8	音频录放模块	1 个	招财猫"说话"
9	杜邦线	若干	传感器与主控板连接线

（三）知识储备

1. Arduino UNO R3 主控板和 IO 扩展板

Arduino UNO R3 主控板是一块基于开放原始代码的 Simple i/o 平台，并且具有使用类似 java、C 语言的开发环境，让您可以快速使用 Arduino 语言或 Mixly 等软件，做出互动作品。UNO R3 能够兼容任何现存扩展板，并且能用它额外的端口适应新的扩展板。

IO 传感器扩展板系列的优势：为初学者省去繁琐的面包板接线和故障排除。

（1）把 Arduino 的端口扩展成 3P 接口，直插 3P 传感器模块。14 个数字口（6 个 PWM 口），6 个模拟口。

（2）丰富的通信和存储模块接口。中部直插 Xbee 封装的蓝牙、WiFi 和 Xbee 通信模块。旁边设置了普通蓝牙模块、APC 和 SD 卡的扩展接口。

（3）外部电源扩展，为你的 Arduino 作品提供持久续航。扩展板角落接线柱为主控器和扩展板供电，中部接线柱为数字口上的舵机供电。

（4）提供 3.3 V 的供电。

绿色：数字引脚（0～13）
红色：电源
黑色：地（GND）

I2C 接口

舵机电源输入

APC220/ 蓝牙 插座

SD 模块 插座

XBee/ 蓝牙 bee 插座

运行 / 下载 切换

3.3V/5V 输出电源切换

黑色：地（GND）
红色：电源
蓝色：模拟引脚（0～5）

复位键

外部输入电源(6～12V)

恒定 3.3V 电源输出

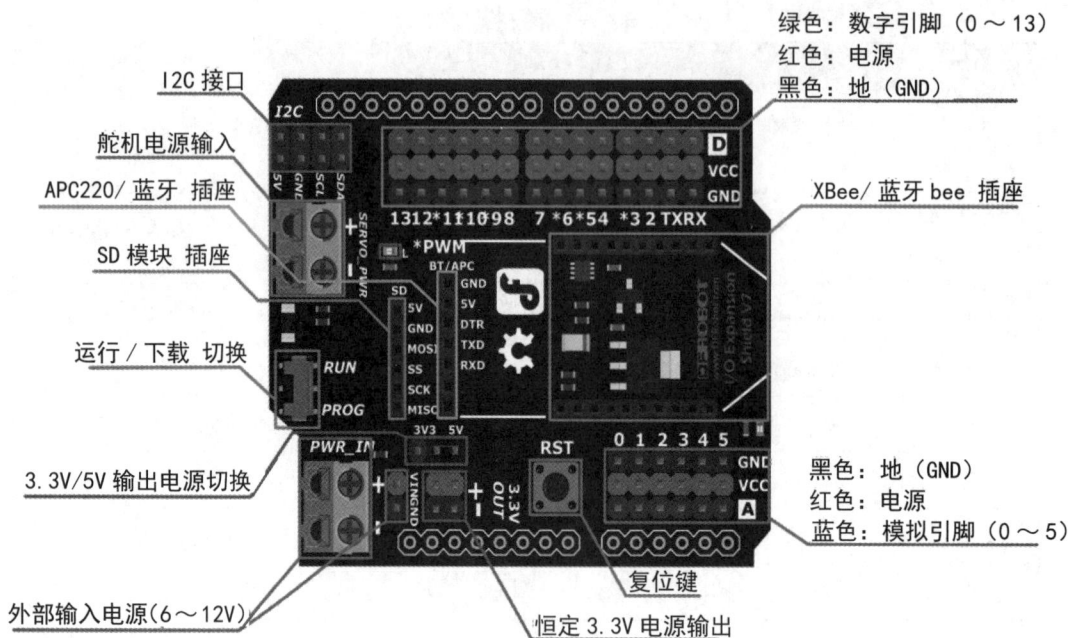

图 1-3 Arduino UNO R3 主控板与 IO 扩展板连接后各端口使用图示

2. 超声波传感器

超声波传感器具有高性能的双探头超声波，其探测距离为 1 厘米到 4 米。 超声波传感器可以用来探测在其声纳范围内与物体之间的距离。通过超声波模块，机器人就可以像蝙蝠一样通过声纳来感知周围的环境。在使用时，超声波传感器与 Arduino Uno R3 主控板的数字端口相连接，如图 1-5 所示。

图 1-4 超声波传感器

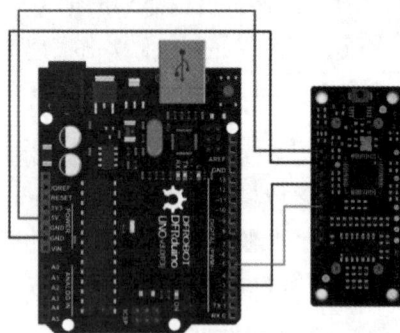

图 1-5 超声波传感器与主控板连接方法

3. 舵机

由 DFRobot 出品的 DF9GMS 180° 微型舵机采用高强度 ABS 透明外壳配以内部高精

度尼龙齿轮组，加上精准的控制电路、高档轻量化空心杯电机，使该微型舵机的质量只有 9 克，而输出力矩达到了惊人的 1.6 千克力·厘米。

图 1-6　9 g 舵机

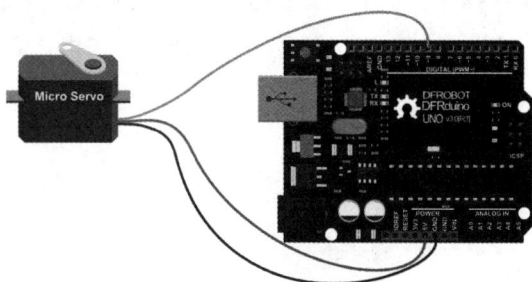

图 1-7　舵机与主控板连接方法

4. 音频录放模块

音频录放模块集录、放音功能为一体。板载按键和麦克风，可直接通过按键录音和放音，实现 10 秒音频录放功能。输出接口最大支持外接 3 瓦小喇叭，也可以外接有源音响，共同分享欢乐时光。此外，模块还外扩了 Arduino 接口，支持通过 Arduino 管脚控制模块。

图 1-8　音频录放模块

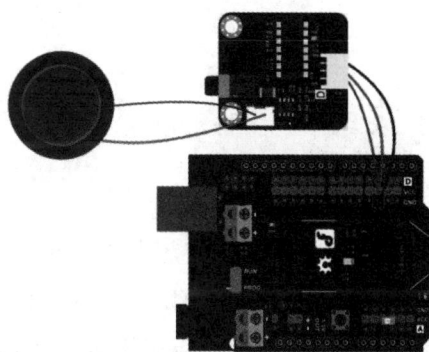

图 1-9　音频录放模块与主控板连接方法

在 Mixly 编程中，通过设置音频录放模块的高低电平信号即可控制音频的播放。

表 1-2　高低电平信号与音频播放关系表

数字输出 管脚 # 4▾ 设为 高▾	设为高电平时，表示播放音频
数字输出 管脚 # 4▾ 设为 低▾	设为低电平时，表示停止播放音频

5.Mixly 编程软件

Mixly，中文名为米思齐，全称为 Mixly_Arduino，是一款由北京师范大学教育学部创客教育实验室傅骞教授团队开发的图形化编程软件。该软件使用图形化编程的方式自动生成 Arduino 代码，并支持编译和烧录到对应硬件设备中。

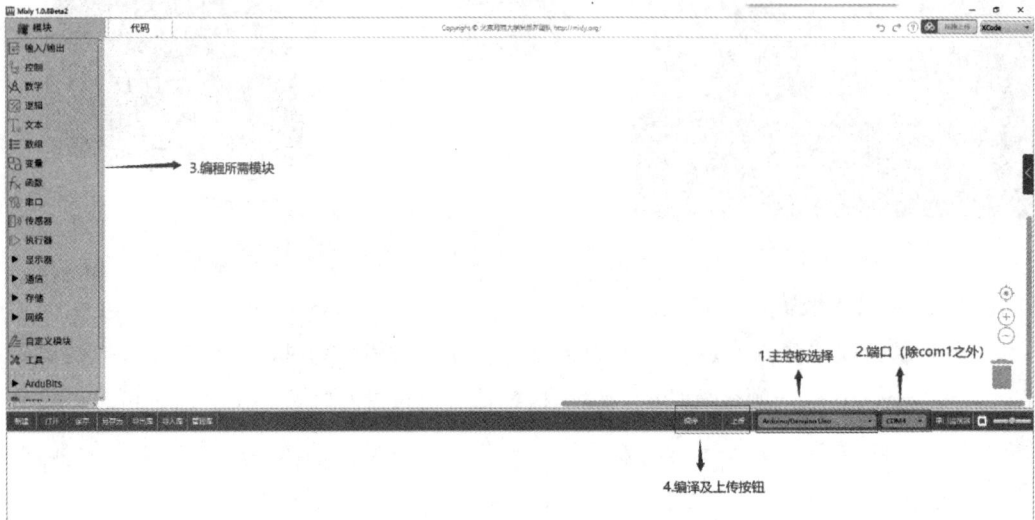

图 1-10 Mixly 界面

三、动手实践

（一）主要传感器的编程测试

1. 测试超声波传感器。将超声波传感器 Trig 接口接入主控板 A0 接口、Echo 接口接入主控板 A1 接口，VCC 和 GND 分别接入主控板对应 VCC 和 GND 接口。在 Mixly 软件中使用串口打印的方式检测超声波传感器的输出值。用手掌靠近和远离超声波传感器，观察输出值的变化。编程方法如下图 1-11 所示。

图 1-11 串口打印超声波传感器的输出值

2. 测试舵机。将舵机接入主控板 A2 接口处，在 Mixly 软件中编写如图 1-12 所示的程序，分别测试舵机在 0°、90°、180°时的转向情况，从而方便后续编写手臂摇动的程序。

舵机 管脚 # A2 ▾	舵机 管脚 # A2 ▾	舵机 管脚 # A2 ▾
角度 (0~180)　0	角度 (0~180)　90	角度 (0~180)　180
延时(毫秒)　1000	延时(毫秒)　1000	延时(毫秒)　1000

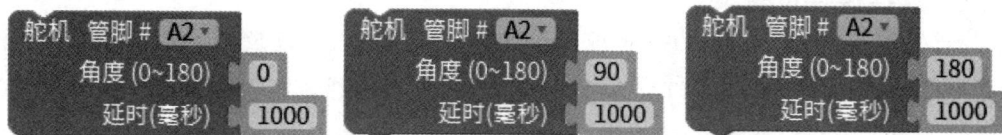

图 1-12　测试舵机在不同角度下的转向情况

3. 检测音频录放模块。将接好喇叭的音频录放模块接入主控板 9 号数字接口，将主控板通电，按下音频录放模块的"REC"键录制一段音频，按下"PLAY"键播放，测试播放是否正常。

（二）软件流程设计

根据任务分析，招财猫主要通过超声波传感器监测前方是否有人靠近，当有人靠近，超声波传感器检测到距离小于 10 厘米时，招财猫通过舵机摇动手臂，并通过音频录放模块打招呼："你好，欢迎光临！"

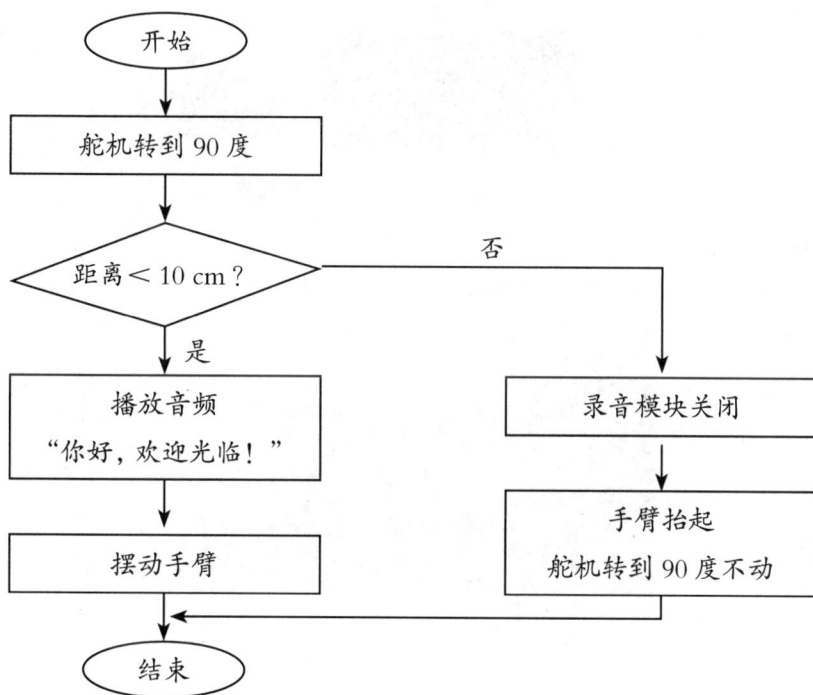

图 1-13　程序设计流程图

（三）连接硬件设备

首先将 Arduino UNO R3 主控板与 DFRobot IO 传感器扩展板相连接，然后将超声波传感器的 Trig 和 Echo 接口与主控板 A0、A1 接口相连接，VCC 和 GND 接口分别与主控板 VCC 和 GND 接口连接；将舵机与主控板 A2 接口相连接；将音频录放模块与 9 号数字接口相连接。

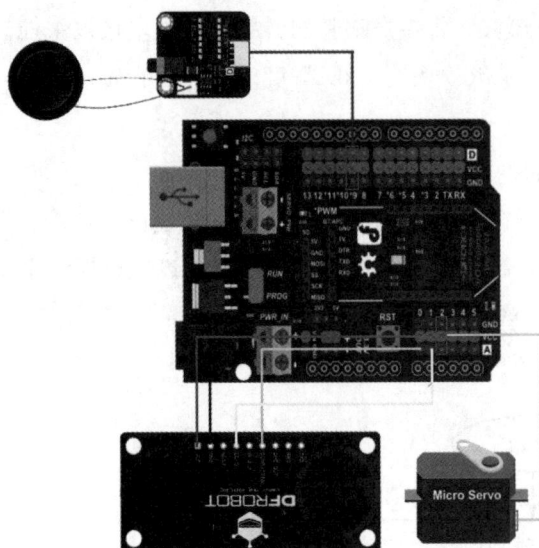

图 1-14 传感器与主控板连接图

（四）编程调试

1. 舵机初始化角度为 90°，表示招财猫手臂抬起。

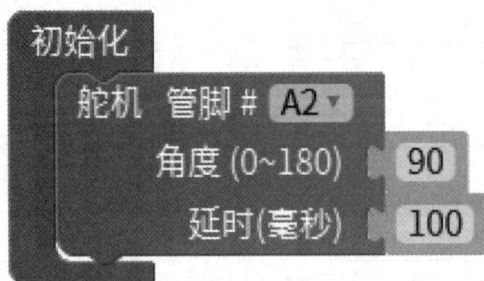

图 1-15 Mixly 编程图示

2. 判断超声波传感器测量到的距离是否小于 10 厘米，如果小于 10 厘米则表示可能有物体（人）靠近，那么音频录放模块播放声音"你好，欢迎光临"，舵机角度来回变化，招财猫手臂摇动；否则，即没有物体（人）靠近招财猫，音频录放模块停止播放，舵机角度回到 90°（手臂抬起）。

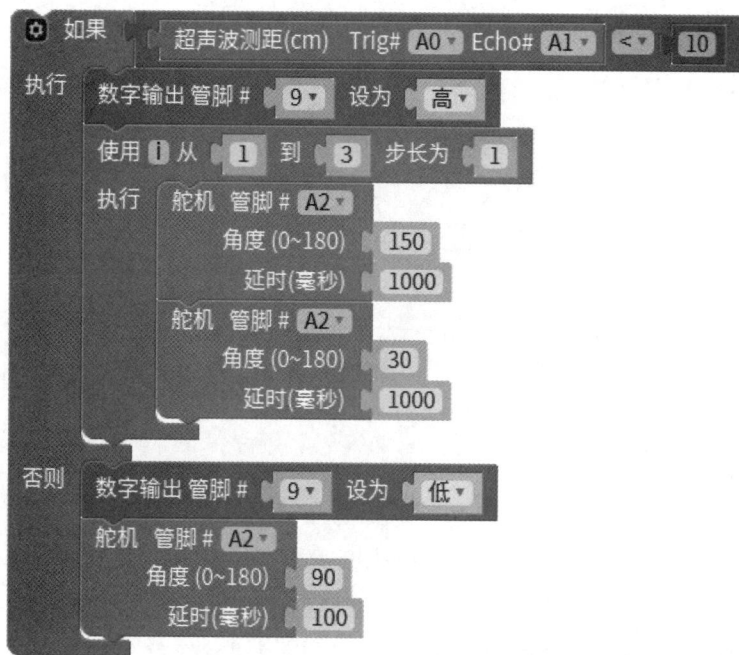

图 1-16 Mixly 编程图示

（五）工程制作

1. 测量传感器尺寸并填写表 1-3。

表 1-3 传感器大致尺寸表

序号	名称	长×宽×高（cm³）	备注
1	UNO R3 主控板＋扩展板		
2	超声波传感器		
3	舵机		
4	音频录放模块		
5	喇叭		

2. 制图和布局。

制图是为了适应各个主要硬件固定在所在位置而去制作所需的外观结构图。根据所有硬件的尺寸和放置位置，估算出产品的大概长、宽、高。可以根据上表测量的硬件尺寸值用纸笔画出其大致外观，我们这里是使用 LaserMaker 画图工具绘制各零部件的设计图。制图软件很多，同学们可以根据自己喜好，选择喜欢的制图方式。

LaserMaker 软件下载地址及教程网址：http://www.lasermaker.com.cn/。

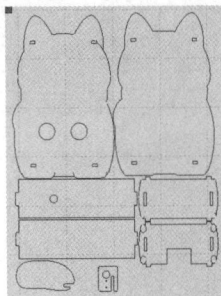

图 1-17 软件制图

3. 选取材料制作外观。

我们这里选取亚克力板或者木板，放在激光切割机中切割成型（需老师指导下进行，并做好安全措施）。同学们也可使用废旧瓦楞纸、KT 板等材料制作外观。在使用各种工具时需注意安全，做好用电防护，做好护目、护肤措施。

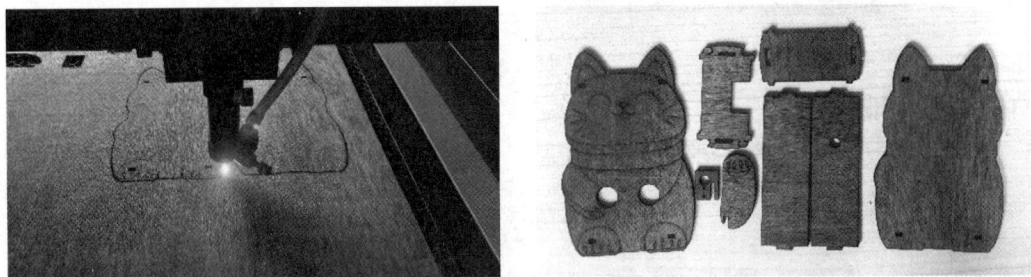

图 1-18 激光切割成型

4. 拼接成型，适应测试。

逐个放入硬件，看尺寸是否合适，若不合适，需要调整激光切割的各个参数，或用其他工具修整外观结构。

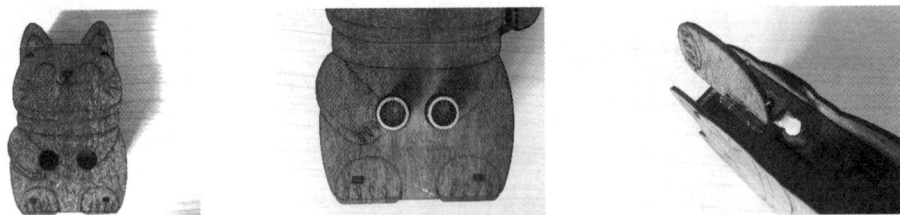

图 1-19 招财猫模型成型

5. 固定传感器等硬件，使产品成型。

逐个固定硬件，可以采用上螺丝方式，也可采用热熔胶固定，方便拆卸。使用工具需注意安全。

图 1-20　固定各个传感器等硬件

6. 通电测试招财猫。

主要检测超声波传感器是否正常，舵机转动是否正常，即音频录放模块声音播放是否清晰，招财猫手臂摇动是否正常。若发现问题，需逐步排查是接线问题还是需要更换传感器。

图 1-21　通电测试

7. 问题探索与程序调试。

相信同学们在程序编写及工程制作过程中遇到了不少问题，请在表 1-4 中填写调试记录。

表 1-4　调试记录表

问题探索与调试项目	问题分析与解决步骤
1. 测试超声波传感器的输出值，通过串口打印的方式呈现	
2. 超声波传感器可否使用其他传感器代替？如人体红外传感器等，通过测试进行验证	
3. 音频录放模块在使用时，能够录制多个声音吗？如果要录制多个声音应该如何操作？	

同学们，我们已经了解了 Arduino UNO R3 主控板及 IO 扩展板的各个针脚的应用，了解了 Mixly 软件的使用方法，掌握了超声波传感器、舵机及音频录放模块的基本使用原理及方法。在这里我们还学会了设计和制作会自动打招呼的招财猫，同学们再思考一下，我们还可以用哪些传感器或技术对我们作品的功能进行优化？（例如增加舵机和电机模块让玩偶能够自己动起来等）

扫码下载学生工作纸，提取码 ssck

第2课　室内加湿器

一、观察与思考

　　无论是夏季还是冬季，只要居室内开了空调，我们就会觉得空气干燥，长时间下来容易引发呼吸系统疾病，尤其是老人、孩子在干燥的环境易引发哮喘、肺气肿、气管炎等多种呼吸道疾病。在干燥的环境中，家具、书籍、乐器等会加速老化、变形甚至是开裂。保存以上的物品需要室内湿度保持在 45% ～ 65%，但冬季室内湿度远远低于这个标准。因此，越来越多的人购买加湿器使用，让室内始终温润如春，从而保护人们的呼吸道，减少患呼吸道疾病的概率，另外也可以使家具保存和使用得更久。

图 2-1　室内雾化加湿器

> **任务：**
> 　　今天，我们利用现有器材来制作一款可以美颜养肌、护理室内家居环境的雾化加湿器吧！

二、项目筹备

（一）组建团队
　　请组建你的团队，并对组内成员进行分工。

（二）准备器材
　　本项目需要的传感器和其他器材如表 2-1 所示。

表 2-1 器材需求表

序号	名称	数量	用途
1	压电陶瓷气加湿雾化片	3 个	产雾加湿装置
2	Arduino leonardo 主控板	1 块	装载程序
3	杜邦线	若干	连接电路
4	木板、亚克力板	若干	制作加湿器外壳
5	6 节 5 号电池盒	1 个	供电装置
6	棉棒	1 根	雾化片延长装置
7	360 度模拟旋转角度传感器	1 块	检测水位装置
8	数字继电器模块	2 个	多档雾化片开关装置

（三）传感器相关知识介绍

1. 压电陶瓷气加湿雾化片

压电陶瓷气加湿雾化片是家用级桌面型雾化片，通用性强，出雾量大。5 V 供电，也可外接移动充电电源供电。表面有防氧化银层保护镀膜工艺，使用寿命长。在具体实施当中，我们采用该雾化片模块来作为室内加湿器的产雾加湿装置。

图 2-2 压电陶瓷气加湿雾化片

2. 数字继电器模块

数字继电器模块是大电流继电器，提供 1 路输入与输出，最高可以接 250 V/10 A 的交流设备或 28 V/10 A 的直流设备，因此能够用来控制电灯、电机等设备。在继电器上面共计四个口，分别为 NC、NO、N/A、COM。其中 COM 口为公共端；NC 为常闭，意味着继电器触点处于常闭状态，主控即使没有给出控制信号，NC 口与 COM 口也是处于导通状态；NO 为常开，即继电器触点处于常开状态，只有当主控给出控制信号，NO 口才会与 COM 口导通。N/A 口为空脚。

图 2-3　数字继电器模块

3. 360 度模拟旋转角度传感器

基于电位器的旋转角度传感器，旋转角度从 0 到 360 度，与 Arduino 传感器扩展板结合使用，可以非常容易地实现与旋转位置相关的互动效果或制作 MIDI 乐器。这是一款非常基本的模拟信号输入设备，你可以通过它来学习 Arduino 中模拟信号的处理，进而学习更多模拟传感器。因此，在本案例当中，我们将利用 360 度模拟旋转角度传感器作为控制挡位的装置。

图 2-4　360 度模拟旋转角度传感器

三、动手实践

（一）主要硬件的编程测试

1. 测试压电陶瓷气加湿雾化片。本课采用的雾化片是带开关模块的，为了能够以程序来进行控制，实现挡位的调节，我们需要先进行开关点的焊接。焊接过程需注意用电安全，最好有大人陪同或协助。焊接完成后，即可直接通电看是否产雾。

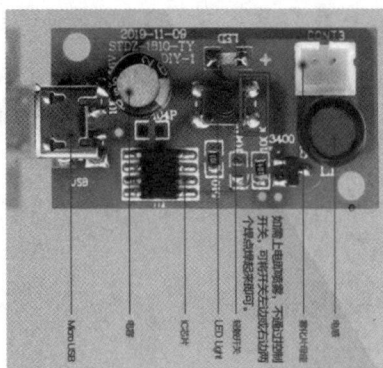

图 2-5 雾化片开关节点焊接位置　　图 2-6 雾化片产雾加湿

2. 测试数字继电器模块。将压电陶瓷气加湿雾化片正极接入主控板的 5 V 电输出口，负极接入数字继电器模块的 NO 口，数字继电器模块的 COM 口接杜邦线引至主控板的 GND 端口。最后将数字继电器模块接入 6 号口，编写程序，给继电器发出控制信号，让 NO 口与 COM 口导通，观察雾化片是否开始产雾。如果雾化片正常工作，则数字继电器模块工作正常。

图 2-7 测试数字继电器模块

3. 测试 360 度模拟旋转角度传感器。把 360 度模拟旋转角度传感器接入主控器模拟口 A1。在 Mixly 程序中用串口换行打印的方式检测一下 360 度模拟旋转角度传感器获取的角度值。

图 2-8 测试 360 度模拟旋转角度传感器

（二）软件流程设计

在软件流程设计环节当中，我们让单个雾化片在通电后开始产雾加湿。当 360 度模拟旋转角度传感器的旋钮值被旋转至 0 到 500 之间，第二个雾化片开始产雾加湿，当旋钮值继续被旋转至 500 到 1000 之间，所有雾化片将会开始工作，最大程度地产雾加湿。

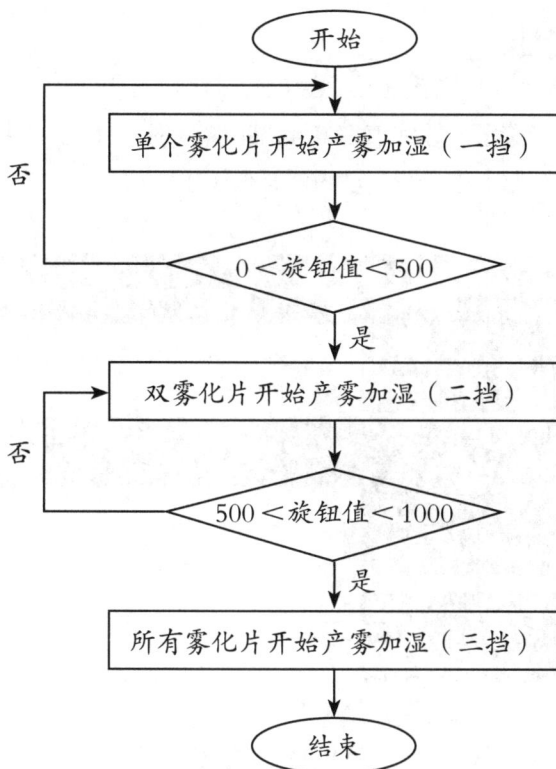

图 2-9　流程图

（三）连接硬件设备

　　将第一档雾化片正负极分别接入 3.3 V 和 GND 口，二挡雾化片正极直接接入主控板 5 V 电源口，负极接继电器常开（NO）端，经由继电器导通端（COM）出来接入主控板负极 GND。三挡雾化片如二挡雾化片操作接新的继电器，两继电器分别接入数字端口 15、16 号口，最终将 360 度模拟旋转角度传感器接入 14 号数字口或 A1 模拟口。

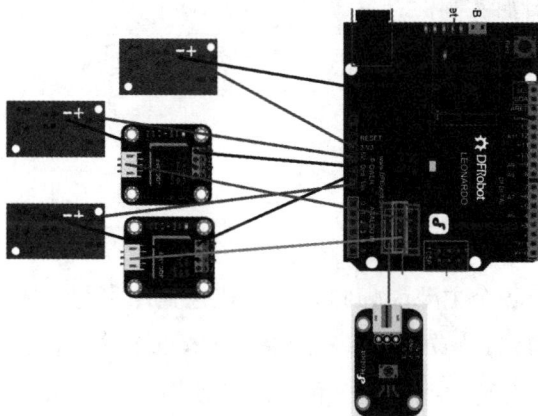

图 2-10　硬件连接图

（四）编写程序与测试

因为一挡位时雾化片直接接通正负极电源，因此无需编程，只需针对二、三挡位的雾化片进行编程，当旋钮的输入值在 0 至 500 之间时，15 号的继电器 NO 与 COM 口闭合，二挡位的雾化片开始工作；当超过 500 且低于 1000 时，三挡位的雾化片开始工作。

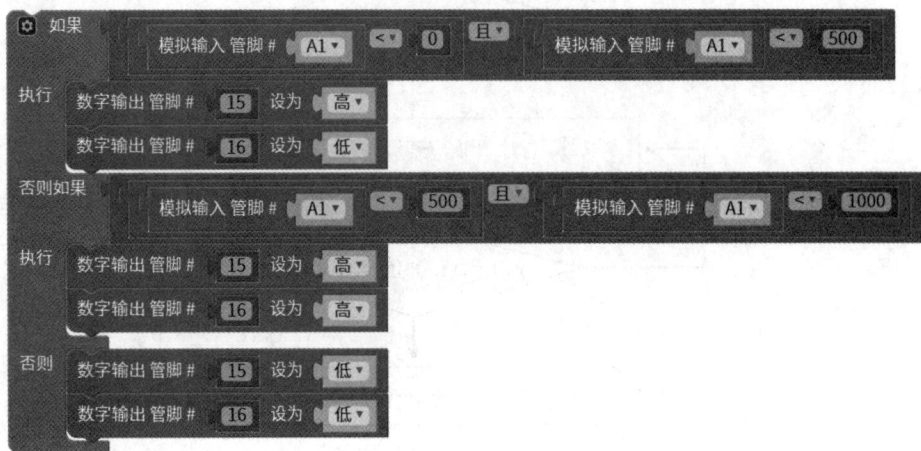

图 2-11 程序图

（五）工程制作

1. 测量传感器尺寸，并填写下列表格

表 2-2 传感器大致尺寸表

序号	名称	长×宽×高（cm³）	是否需要外露等要求
1	360 度模拟旋转角度传感器		
2	压电陶瓷气加湿雾化片		
3	数字继电器模块		
4	6 节 5 号电池盒		
5	Arduino leonardo 主控板		

2. 制图与布局

制图是为了适应各个主要硬件固定在所在位置而去制作所需的外观结构图。根据所有硬件的尺寸和放置位置，估算出产品的大概长、宽、高。可以根据上表测量的硬件尺寸值用纸笔画出其大致外观，我们这里使用激光切割机附带的绘图软件工具 Lasermaker 来进行制作。制图软件较多，同学们并不一定拘泥于单款软件，可以根据自己喜好，选择喜欢的制图方式。

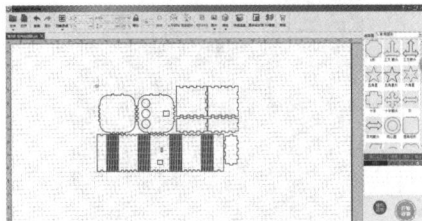

图 2-12　Laser Maker 制室内加湿器设计图

3. 选取材料制作外观

我们选用木板，放在激光切割机中切割成型（需老师指导下进行，并做好安全措施）。同学们也可使用废旧瓦楞纸、KT 板等材料制作外观。在使用各种工具时需注意安全，做好用电防护，做好护目、护肤措施。

图 2-13　激光切割件

4. 拼接成型，适应测试

逐个放入硬件，看尺寸是否合适，若不合适，需要调整激光切割的各个参数，或用其他工具修整外观结构。

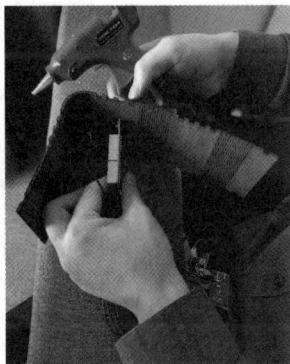

图 2-14　比对硬件位置，测量尺寸

5. 固定硬件，使产品成型

逐个固定硬件，可以采用上螺丝方式，也可采用热熔胶固定，要特别注意雾化片的朝向，以免喷雾方向错误。同时注意要在内部预置一个储水器，可用塑料杯子来充当，同时需要将棉棒与雾化片进行粘贴。

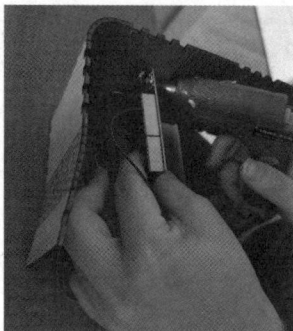

图 2-15 粘贴固定各个硬件

6. 通电测试

调节旋钮，观察雾化片是否正常工作。

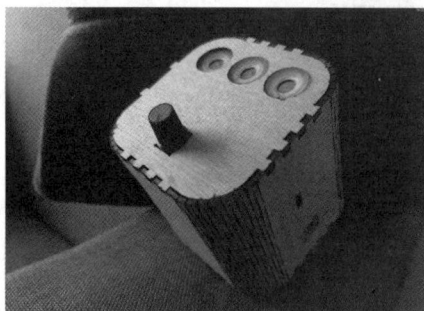

图 2-16 室内加湿器成品图

7. 问题探索与程序调试

相信同学们在程序编写和工程制作中遇到了不少问题，请在表 2-3 中填写调试记录。

表 2-3 调试记录表

问题探索或调试项目	问题分析
1. 在制作室内加湿器的过程中，我们可不可以通过修改程序来改变加湿器喷出雾气的多少呢？	
2. 如果我们给加湿器再配置两个压电陶瓷气加湿雾化片，请问除了 360 度模拟旋转角度传感器，还能配置哪一款硬件来实现接连？	
3. 如果我们给加湿器再配置两个压电陶瓷气加湿雾化片，请问该如何实现变挡操作？	

在这里我们还能用哪些传感器来改善升级我们的室内加湿器呢？（如声控、自动感知到干燥就工作……）还能对我们作品增加哪些功能呢？（如定时关机……）

扫码下载学生工作纸，提取码 ssck

四、阅读拓展

戴森除菌加湿器一键解锁智能家居

戴森除菌加湿器采用了全新科技，运用多项专利技术，打造智能家居产品，提高你的生活质量。

先说说气流技术上吧，这款加湿器产品采用了专利 Air Amplifier 气流增倍技术，喷射出来的气流很强劲，能够均匀喷射清洁、细腻的水雾，让空气循环对流起来，实现整屋均匀覆盖，让你的每一次呼吸都能够更自如。

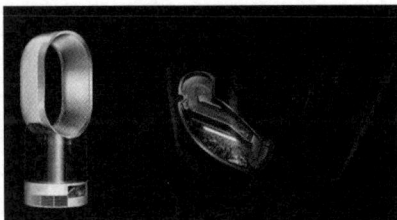

在杀菌技术上，戴森加湿器采用专利紫外线杀菌技术，通过短波紫外线处理每一滴水，以 3 分钟为一个周期，可以有效杀死水中 99.9% 的细菌，水箱中的水经过杀菌才被雾化成细腻清洁的水雾，为家庭打造健康的居住环境。

这款产品还拥有超大水箱，可连续运转 18 个小时，免去了频繁加水的麻烦。内置睡眠定时器，可设置 15 分钟至 9 小时定时，在增加室内湿度的同时保证室内不会过于潮湿。

戴森除菌加湿器更有一键操作模式，用智能湿度控制系统，能够智能检测房间的温度和湿度进行自动调节，让使用更省心。

加湿器已经成为日常生活的必备品，戴森除菌加湿器智能化的暖心设计，长时间连续使用也不会出现室内湿度过高等现象，为你打造舒适健康的家居环境，一键解锁智能家居模式。（本文来自网络）

第3课　眼疾手快

一、观察与思考

随着社会的发展，人们物质生活的提升，人类的需求已经从之前的解决衣食住行到越来越丰富、越来越多元的精神需求，在科技的发展下，涌现出大量的游戏软件和游戏 APP。几乎所有的游戏都会对人体的反应速度有所要求。

人体反应速度素质是指人体进行快速运动的能力，即在单位时间内迅速完成某一动作或通过某一距离的能力。从生理机制分析，反应速度主要取决于人的感受器（视觉、听觉）和其他分析器的特征以及神经系统与肌肉之间的协调关系。

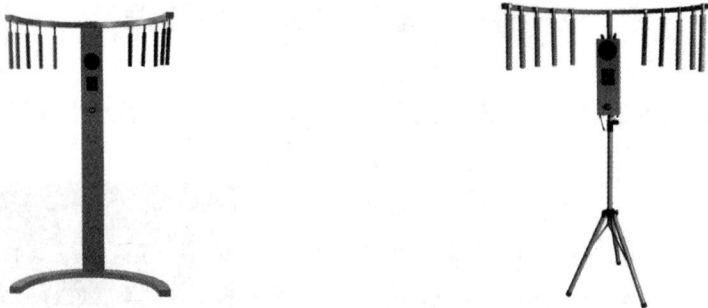

图 3-1 眼疾手快反应挑战器

> **任务：**
> 　　利用现有器材来制作一款可以让我们挑战反应极限的眼疾手快反应挑战器。

二、项目筹备

（一）组建团队
请组建你的团队，并对组内成员进行分工。

（二）准备器材
本项目需要的传感器和其他器材如表 3-1 所示。

表 3-1　器材需求表

序号	名称	数量	用途
1	吸盘电磁铁传感器模块	若干	吸附小铁棒
2	小铁棒／铁制燕尾夹	若干	反应测试用具
3	I2C LCD1602 液晶模块	1 个	倒计时提醒装置
4	6 节 5 号电池盒／小型充电宝	1 个	供电装置
5	Arduino UNO 主控板＋扩展板	1 块	装载程序
6	杜邦线	若干	连接电路
7	木棒、亚克力板、钉子	若干	制作反应挑战器的支架
8	热熔胶枪	1 把	粘贴零件与材料

（三）传感器相关知识介绍

1. 吸盘电磁铁传感器模块

电磁铁传感器是由电流产生磁场的一种磁铁，在通电状态下可产生强劲吸附力，把它安装在设备中可对被吸附物体起到停止或移动作用。电磁铁传感器能持续吸附 1 千克的铁磁体。电磁铁传感器模块使用简单，仅靠控制信号线的高低电平即可控制电磁铁传感器的通断。

图 3-2　吸盘磁铁传感器模块

2. I2C LCD1602 液晶模块

I2C LCD1602 液晶模块是以若干个点阵块组成的显示字符群，每个点阵块是一个字符位，字符间距和行距都为一个点的宽度。可以显示 2 行，每行 16 个字符。该液晶模块具有低功耗、长寿命、高可靠性的特点，5 V 电源即可满足供电。在本案例当中，采用 I2C LCD1602 液晶模块来作为提醒信息的装置。

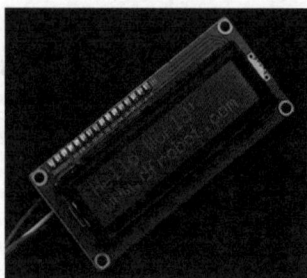

图 3-3 I2C LCD1602 液晶模块

三、动手实践

（一）软件流程设计

在软件流程设计环节当中，我们先将倒计时 time 设置为 10。然后判断游戏是否开始（time 是否大于 0），若还没有开始，则所有的电磁铁传感器都通电，管脚设为高电平，并且 LCD 屏幕上显示游戏开始的倒计时。当倒计时结束，游戏开始，屏幕显示"Start！"并且电磁铁传感器开始随机断电（电磁铁传感器管脚随机设为低电平），直到所有电磁铁传感器都断电。

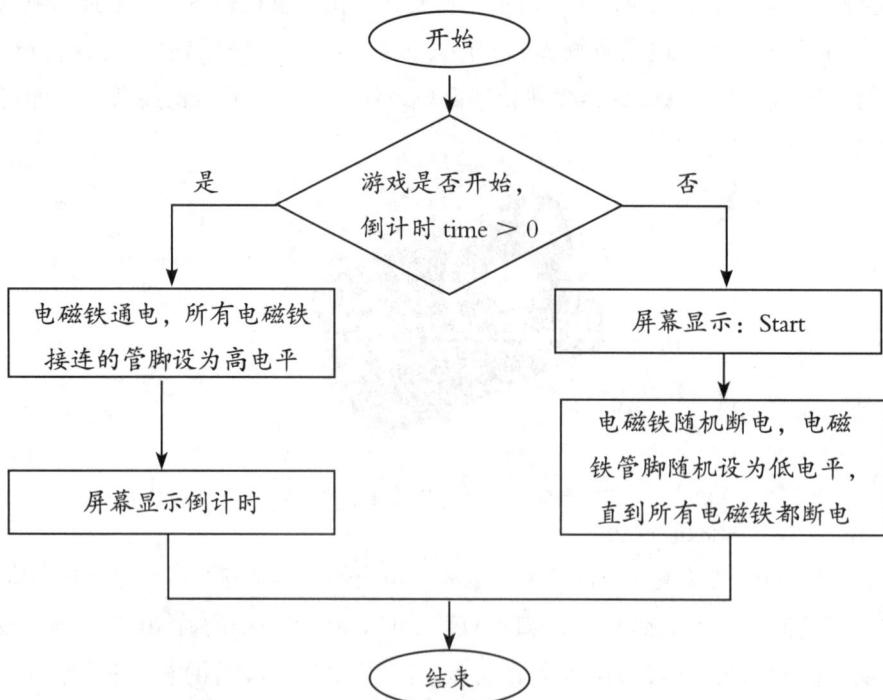

图 3-4 程序设计流程图

（二）连接硬件设备

电磁铁传感器只需通过输出电平的高低来控制是否通电，所以既可以把它接在数字输出口，也可以把它接在模拟输出口。本案例中，分别把三个电磁铁传感器接入在主控器 2 号、6 号、8 号口上。I2C LCD1602 液晶模块的端口接法则只需主板端口位置一一对应即可，如下图所示。

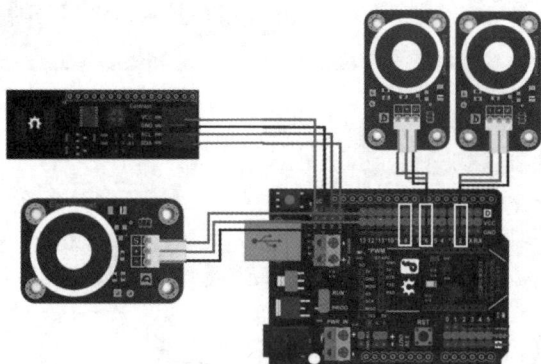

图 3-5　硬件连接图

（三）编写程序与测试

1. 初始化：首先初始化 I2C LCD1602 液晶屏的设备地址。声明一个整数数组 mylist 用来存放电磁铁传感器所连接的管脚号；声明 time 为整数变量并赋初始值为 10，表示倒计时提醒；声明一个整数变量 r 和 temp，分别用来存放随机数和用作交换变量值的临时变量。如下图所示：

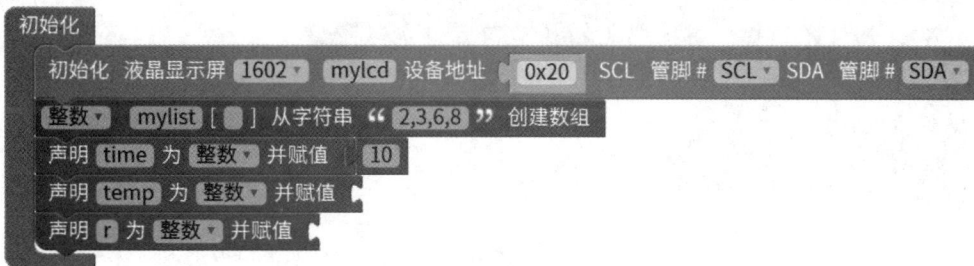

图 3-6　初始化部分程序图

2. 主体程序：当游戏还没有开始时（time ＞ 0），为所有的电磁铁传感器通电，设置所有的电磁铁传感器接口为高电平，此时屏幕显示倒计时 time；否则，倒计时结束（time ≤ 0），屏幕显示"Start！"并且电磁铁传感器开始随机断电（电磁铁传感器管脚随机设为低电平），直到所有电磁铁传感器都断电。

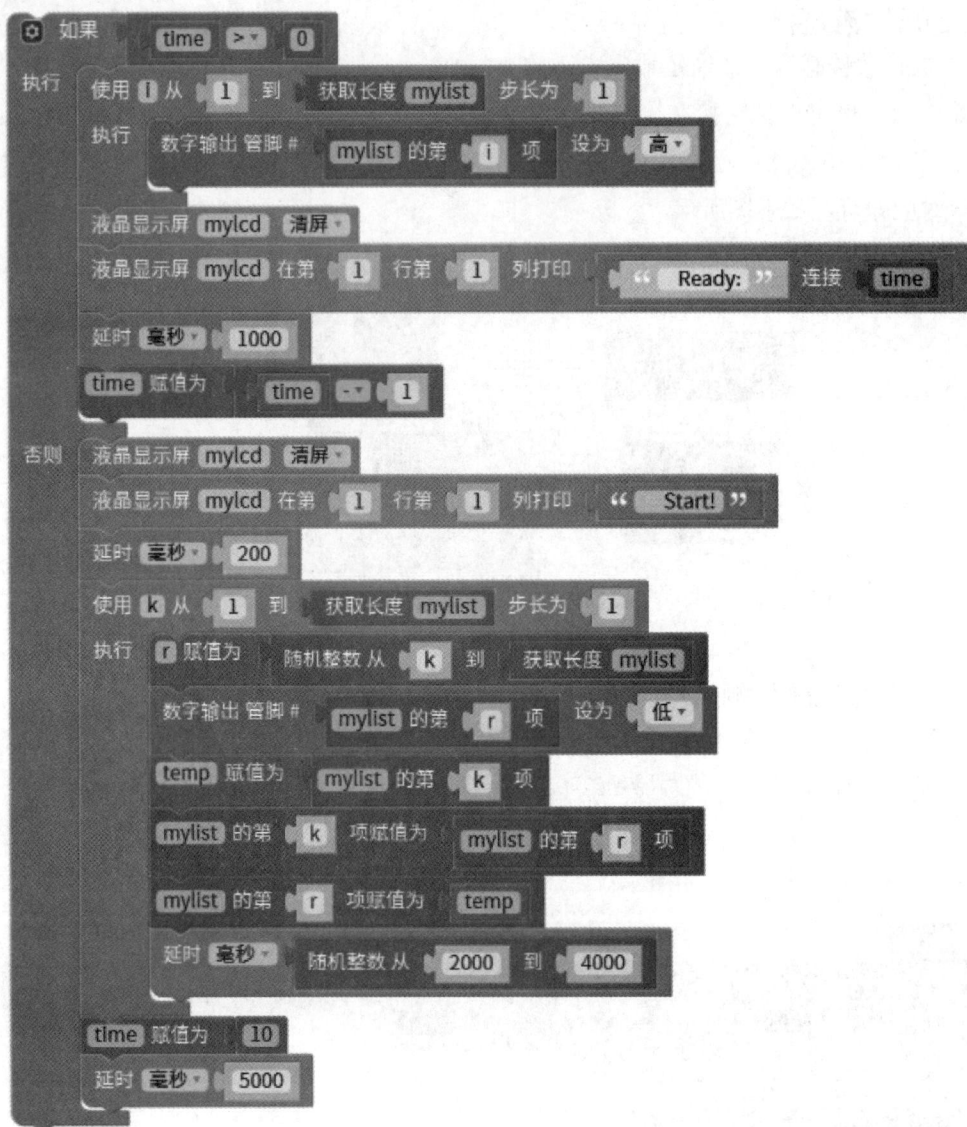

图 3-7 主体程序图

3. 交换变量的值程序：如下图 3-8 和 3-9 所示，程序先把数组 mylist 的第 k 项的值赋值给临时变量 temp；然后把数组的第 r 项的值赋值给数组的第 k 项；最后再把变量 temp 中存放的数组第 k 项的值赋值给数组的第 r 项，实现数组第 k 项和第 r 项中存放的数值进行交换。在程序中，随机变量 r 会每次在 [k,mylist.length] 范围中随机取值，然后程序就会对管脚号为数组 mylist 的第 r 项的电磁铁传感器进行断电。为了防止断电发生重复，用变量的交换来解决。

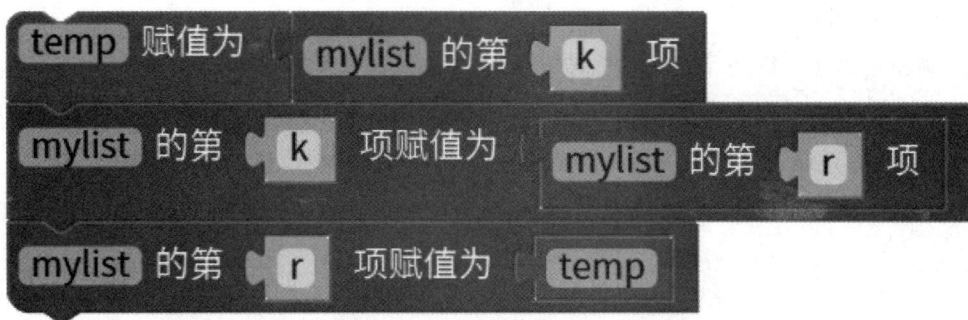

图 3-8　mylist 的第 k 项和 mylist 的第 r 项的值相互交换

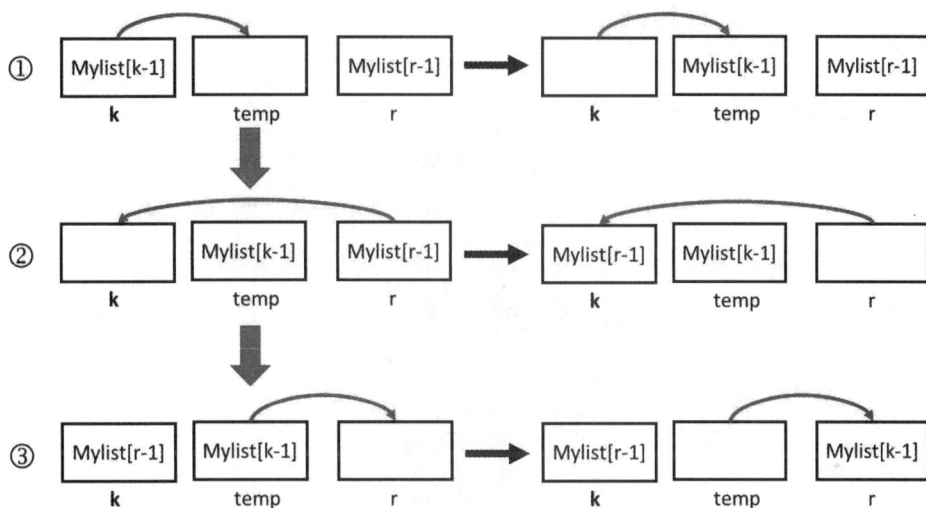

图 3-9　变量交换程序示意图

（四）工程制作

1. 测量传感器尺寸，并填写下列表格。

表 3-2　传感器和其他材料大致尺寸表

序号	名称	长×宽×高（cm³）	备注
1	吸盘电磁铁传感器模块		
2	I2C LCD1602 液晶模块		
3	6 节 5 号电池盒／小型充电宝		
4	Arduino UNO 主控板＋扩展板		
5	木棒		
6	亚克力板／木板		

2. 制图和布局。

制图是为了适应各个主要硬件固定在所在位置而去制作所需的外观结构图。根据所有硬件的尺寸和放置位置，估算出产品的大概长、宽、高。可以根据上表测量的硬件尺寸值用纸笔画出其大致外观，我们这里使用激光切割机连接的一款画图工具制作，制图软件很多，同学们可以根据自身情况，选择合适的制图方式。

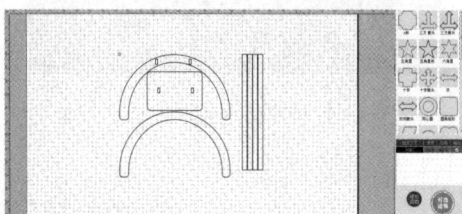

图 3-10 软件制图

3. 选取材料制作外观。

我们这里选取亚克力板或者木板，放在激光切割机中切割成型（需在老师指导下进行，并做好安全防护措施）。同学们可使用废旧瓦楞纸、KT 板等材料制作外观。在使用各种工具时需注意安全，做好用电防护，做好护目、护肤措施。

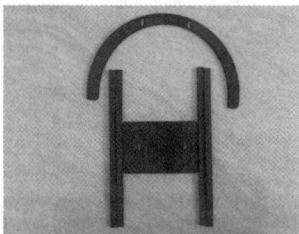

图 3-11 激光切割成型

4. 拼接成型，适应测试。

逐个放入硬件，看尺寸是否合适，若不合适，需要调整激光切割的各个参数，或用其他工具修整一下外观结构。

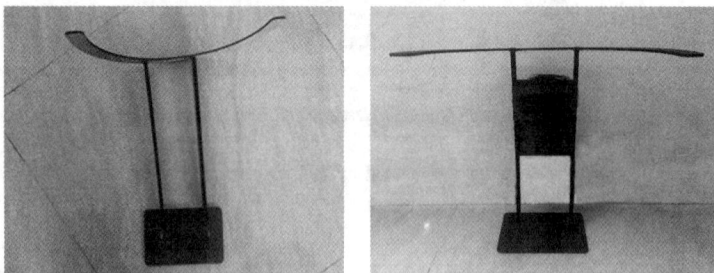

图 3-12 拼接成型

5. 固定硬件，使产品成型。

逐个固定硬件，可以采用上螺丝方式，也可采用热熔胶固定，最好方便拆卸。使用工具需注意安全。

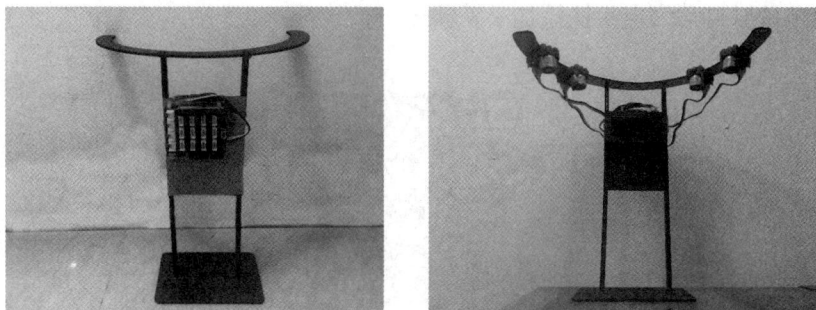

图 3-13　固定硬件

6. 通电测试，测试是否能正常工作。若发现有问题，需逐步排查。

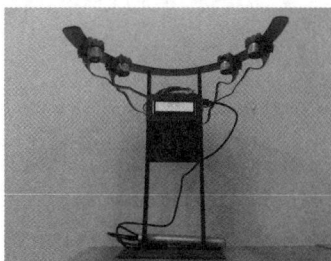

图 3-14　通电测试

7. 问题探索与程序调试。

相信同学们在程序编写和工程制作中遇到了不少的问题，请在表 3-3 中填写调试记录。

表 3-3　调试记录表

问题探索与调试项目	问题分析和解决步骤
1. 本项目在制作过程中，如果我们不设置随机函数会出现什么状况？	
2. 如果我们想把眼疾手快反应挑战器改成全自动的，当游戏准备时自动为电磁铁添加小铁棒，你有什么好的建议和设想？	

　　同学们，我们已经掌握了电磁铁传感器和 LCD 液晶屏的基本原理，在这里我们除了通过重启主控板来重置眼疾手快反应挑战器，还能用哪些传感器来改善呢？（如按钮开关模块……）还能对我们的作品增加哪些功能呢？（如声音播报提醒游戏开始或者当游戏准备时自动为电磁铁添加小铁棒……）

扫码下载学生工作纸，提取码 ssck

第 4 课　饮水提醒器

一、观察与思考

  水是膳食的重要组成部分，是一切生命必须的物质。如果没有摄入充足的水分，会影响人的身体健康。《中国居民膳食指南》建议：除了代谢和食物之外，在温和气候条件下生活的轻体力活动的成年人每日最少饮水 1500 至 1700 毫升，按照普通水杯 200 至 250 毫升的大小来算，每天应喝 7 至 8 杯水。都市人因为繁忙的工作以及较快生活节奏，往往没有养成正确的饮水习惯。科学研究指出，喝水时间应该分配在一天中任何时刻，要主动喝，而不要感到口渴时再喝水。

图 4-1 饮水的"想"和"需"

> **任务：**
>
>   今天，我们利用现有的器材来制作一款可以让我们按时按量喝水的饮水提醒器。

二、项目筹备

（一）组建团队
  请组建你的团队，并对组内成员进行分工。

（二）准备器材
  本项目需要的传感器和其他器材如表 4-1 所示。

表 4-1 传感器大致尺寸表

序号	名称	数量	用途
1	LED 发光模块	1 个	饮水提醒装置
2	电阻式压力传感器	1 个	监测水杯位置装置
3	I2C LCD1602 液晶模块	1 个	提醒信息装置
4	按钮模块	1 个	开关装置
5	音频录放模块	1 个	语音提醒装置
6	无源音响小喇叭	1 个	语音提醒装置
7	6 节 5 号电池盒	1 个	供电装置
8	Arduino UNO 主控板 + 扩展板	1 块	装载程序
9	杜邦线	若干	连接电路
10	纸箱、亚克力板	若干	制作饮水提醒器外壳
11	美工刀等工具	若干	切割材料
12	热熔胶枪	1 把	粘贴零件与材料

（三）传感器相关知识介绍

1. LED 发光模块

LED 发光模块是创客入门的必备电子元件，利用它可以实现各种各样的 DIY 作品。本案例中采用的是 Piranha LED Light Module-Red，该 LED 模块除可用数字口调节亮灭，还可用模拟口控制亮度。在具体实施当中，我们会采用该 LED 模块来作为定时提醒饮水器的警示灯。

图 4-2 LED 发光模块

2. 电阻式压力传感器模块

电阻式压力传感器属于模拟信号输入的传感器，它输入到主控板上的值会随着感应区压力的增大而增大。在本案例中，采用电子式压力传感器模块作为监测水杯是否端起或离开饮水提醒器区域位置的装置。

图 4-3　电阻式压力传感器模块

3. I2C LCD1602 液晶模块

I2C LCD1602 液晶模块是以若干个点阵块组成的显示字符群，每个点阵块是一个字符位，字符间距和行距都为一个点的宽度。可以显示 2 行，每行 16 个字符。具有低功耗、长寿命、高可靠性的特点，5 V 电源即可满足供电。在本案例当中，采用 I2C LCD1602 液晶模块作为提醒信息装置。

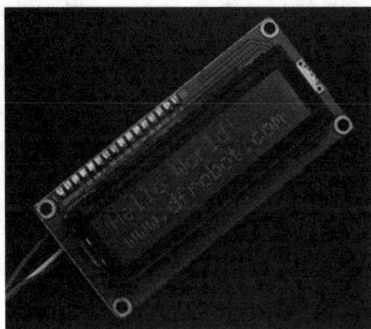

图 4-4　I2C LCD1602 液晶模块

4. 按钮模块

按压式的开关数字输入模块与 Arduino 专用传感器扩展板结合使用，能够实现非常有趣的互动作品。按钮模块使用大按钮加优质按键帽，使用方便，可以做到"即插即用"。在本案例当中，采用按钮模块作为饮水提醒器的开关装置。

图 4-5　按钮模块

5. 音频录放模块

音频录放模块集录放音功能为一体。板载按键和麦克风，可直接通过按键录音和放音，一按录音，一按放音。可实现 10 秒音频录放功能。

图 4-6 音频录放模块

6. 无源音箱小喇叭模块

可以直接和音频录放模块相连接。在本案例中，把它们一起使用，作为饮水提醒器的语音提醒播报器。

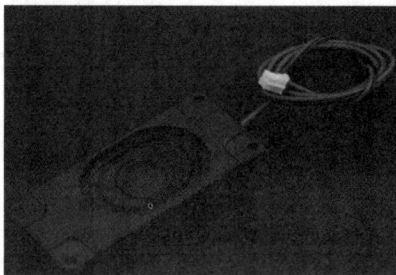

图 4-7 无源音箱小喇叭

三、动手实践

（一）主要硬件的编程测试

测试电阻式压力传感器。将电阻式压力传感器接入 UNO 主控板 A2 数字接口，编写如图 4-8 所示程序，打开串口监视器观察电阻式压力传感器的返回值，测试没有物品压在上面以及放水杯在上面时的返回值。

图 4-8 串口打印电阻式压力传感器的返回值

（二）软件流程设计

　　在软件流程设计环节当中，我们将利用按钮来作为装置开关，以电阻式压力传感器来判断水杯是否端起或离开饮水提醒器区域位置，即如果水杯没有被端起，放在压力传感器上，则压力传感器感受到压力（压力值≥50）；反之则压力传感器感受不到压力。提醒部分则利用 LED 的亮灭、LCD 屏幕显现文字和喇叭播放提醒音来完成。

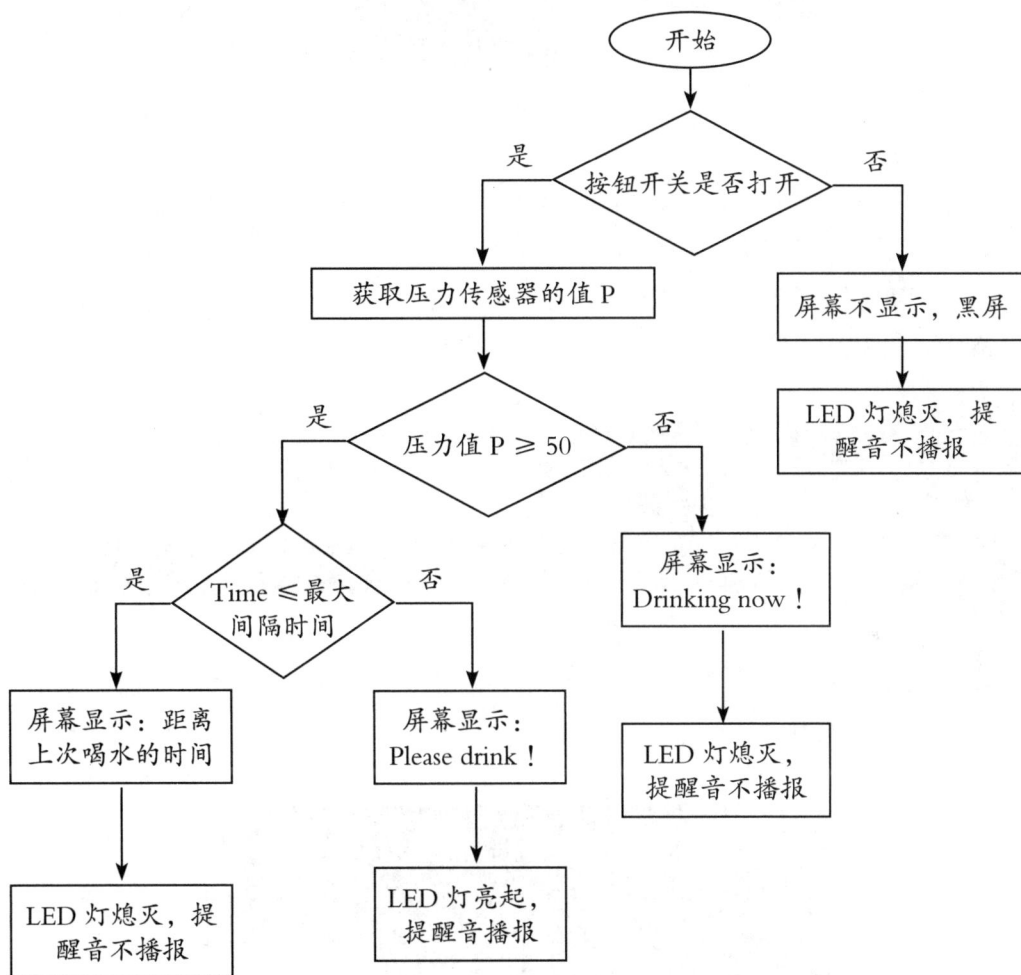

图 4-9　程序设计流程图

（三）连接硬件设备

　　主控器 2 号数字口连接按钮模块，用于控制饮水提醒器的开关；6 号口作为 LED 灯的连接口；8 号数字口作为音频录放模块的连接口；压力传感器则接入 A2 号模拟口；而 I2C LCD1602 液晶模块的端口接法则只需主板端口位置一一对应即可，如下图所示。

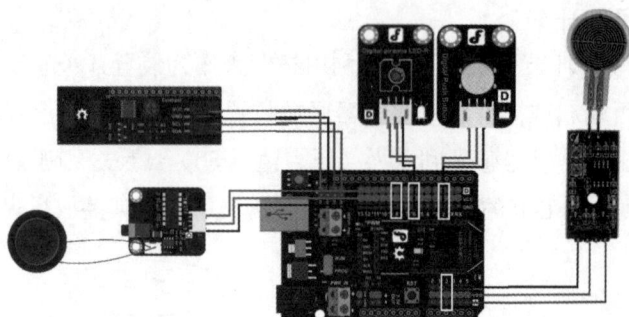

图 4-10 硬件连接图

（四）编程调试

1. 初始化：声明 power 为布尔变量作为按钮开关的计数器，作为按钮开关的使用映射；声明 maxtime 为最大喝水间隔时间，并赋值为 7200（因为每隔 2 小时需提醒喝水一次，而 2 小时等于 7200 秒）；声明 time 为计时器，表示距离上一次喝水过去了多长时间；初始化 I2C LCD1602 液晶屏的设备地址。如下图所示。

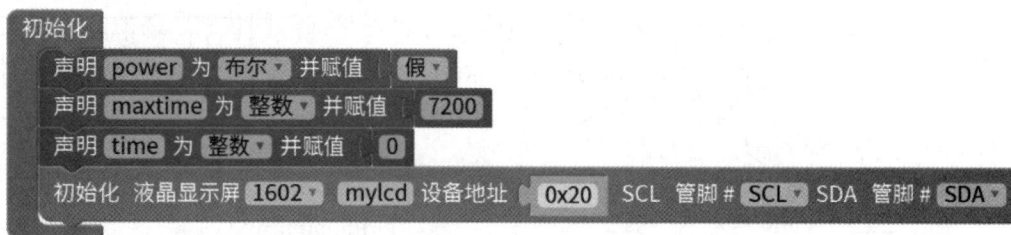

图 4-11 初始化程序

2. 按钮开关的控制程序：当按钮开关被按下时，状态会发生改变。状态会与当前状态发生相反的转换：开→关，关→开。

图 4-12 按钮开关控制的程序

3. 主体程序：（1）当按钮开关模块（数字输入 2）是关闭状态（power 为假）的时候，此时饮水提醒器是关闭的，故 LCD 液晶屏关闭；LED 灯、喇叭关闭，6 号和 8 号管脚设为低电平；计时器 time 的值也赋值为 0。

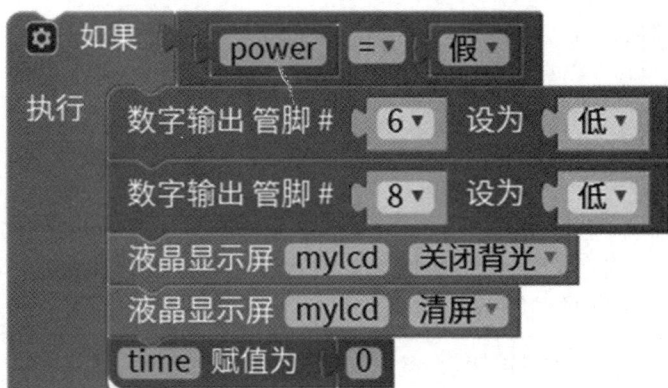

图 4-13　"当按钮未按下时"程序

（2）当按钮开关模块是打开状态的时候，此时饮水提醒器启动，LCD 液晶屏打开；然后判断水杯是否被端起，如果没有被端起（管脚 A2 的压力值 ≥ 50），并且计时器的时间还没达到距离上次喝水的最大间隔时间，此时 LCD 屏幕上显示计时器的时间（即距离上次喝水的时间）；如果水杯没有被端起并且计时器的时间达到距离上次喝水的最大间隔时间，此时 LCD 屏幕上显示"Please drink！"的文字提醒，LED 灯会亮起，喇叭会播放音频录放模块提前录好的提醒音；如果水杯被端起，LED 灯、喇叭关闭，LCD 屏幕会显示"Drinking now！"的文字，计时器归零，准备下一轮的计时。

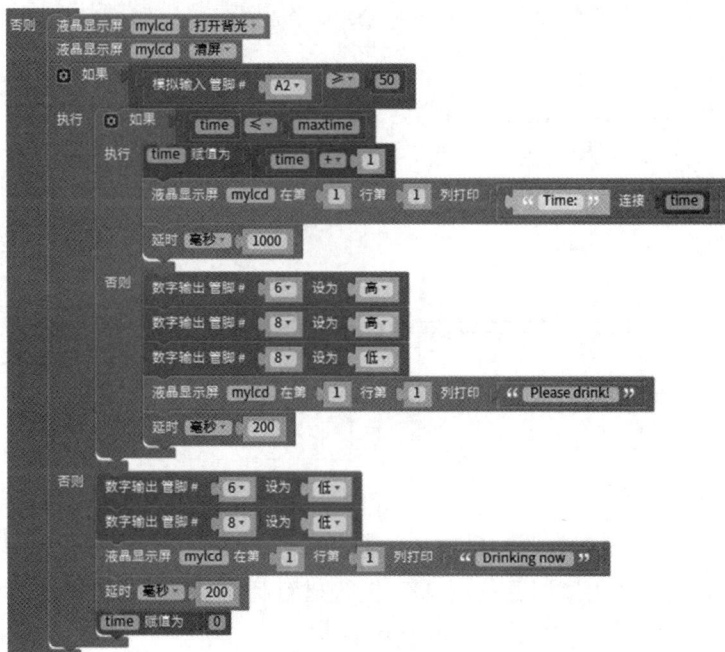

图 4-14　"当按钮按下时"程序

（四）工程制作

1. 测量传感器尺寸，并填写下列表格。

表 4-2 传感器大致尺寸表

序号	名称	长 × 宽 × 高（cm³）	备注
1	LED 发光模块		
2	电阻式压力传感器		
3	OLED128×64 显示器		
4	按钮模块		
5	音频录放模块		
6	无源音响小喇叭		
7	6 节 5 号电池盒		
8	Arduino UNO 主控板 + 扩展板		

2. 制图和布局。根据所有硬件的尺寸和放置位置，估算出产品的大概长、宽、高，可以根据上表测量的硬件尺寸值用纸笔画出其大致外观。

首先，打开 LaserMaker 软件，点击快速造盒工具，根据估算的尺寸填入长、宽、高，生成六个面的预览图如图 4-15 所示；第二步是把要露出的硬件所在的位置镂空，如图 4-16 所示。

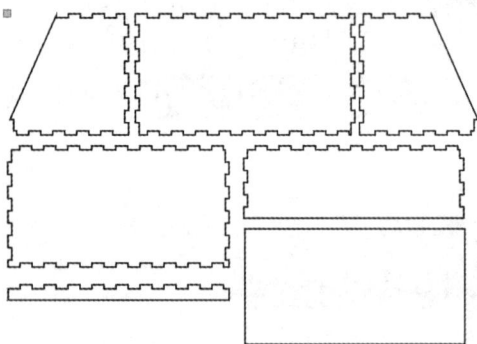

图 4-15 软件制图

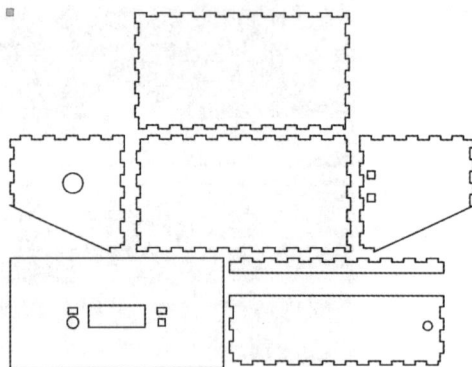

图 4-16 软件制图"镂空"

3. 选取木板。使用激光切割机切割成型（需在老师指导下进行，并做好安全防护措施）。同学们也可使用废旧瓦楞纸、KT 板等材料制作外观。在使用各种工具时需注意安全，做好用电防护，做好护目、护肤措施。

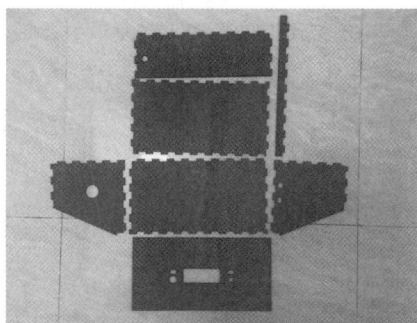

图 4-17　激光切割成型

4. 固定硬件，使产品成型。

逐个固定硬件，可以采用上螺丝的方式，也可采用热熔胶固定，方便拆卸。使用工具需注意安全。

图 4-18　固定硬件

5. 通电测试。测试压力传感器是否正常，录放模块播报是否正确，显示屏是否正常。若发现有问题，需逐步排查。

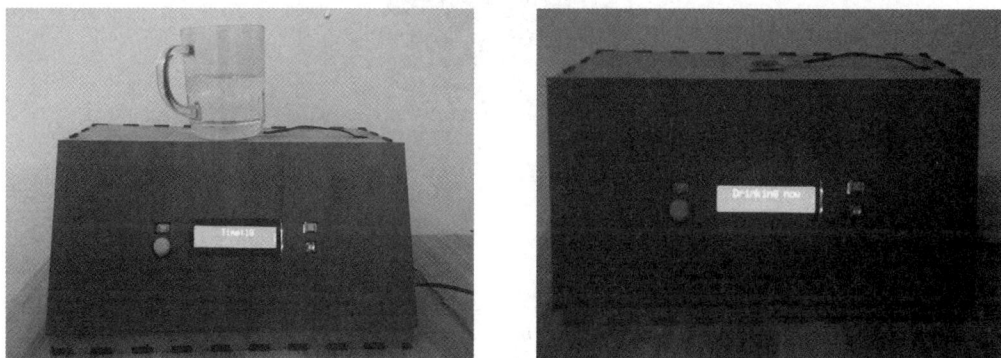

图 4-19　通电测试

6. 问题探索与程序调试。

相信同学们在程序编写和工程制作中遇到了不少问题，请同学们在表 4-3 中填写调试记录。

表 4-3 调试记录表

问题探索与调试项目	问题分析和解决步骤
1. 本饮水提醒器项在制作过程中，如果不设置布尔类型变量 button 会出现什么情况？	
2. 本次制作的饮水提醒器是半自动还是全自动？	
3. 如果我们的饮水提醒器想改成全自动，需拆除哪块硬件？删除哪段程序？	

同学们，我们已经掌握了电阻式压力传感器、按钮模块、音频录放模块、无源音响小喇叭和 LCD 液晶屏的应用原理及使用方法，在这里我们除了用按钮模块来作为开关装置，还能用哪些传感器来控制呢？（如光控……）还能对我们的作品增加哪些功能呢？（如可以显示水温的饮水提醒器……）

扫码下载学生工作纸，提取码 ssck

四、阅读拓展

一款智能水杯

一款可以随时提醒你喝水，更可让水温看得见的智能水杯——智能便携保温杯，小巧便于随身携带，以最科学的方式随时让你补充水分，让你在忙碌的生活中，随时随地享受健康生活。

图 4-20　智能水杯说明示图

　　这款保温杯杯盖内置有智能芯片，并配有一个 LCD 触摸显示屏。通过触摸感应设计，随意触摸杯盖即可快速显示出杯内水温，方便饮用到合适温度的水。轻触瓶盖两次，闹钟则显示开始定时，每隔 2 小时发出声音提醒喝水，无需提醒时只需再轻触两次则可取消定时提醒功能。再也不担心忙起来忘记喝水了，而且是最合适的水温哦！（内容来自网络）

第5课　心率测量仪

一、观察与思考

少年强则国强，对于新时代青少年来说，有一个健康的身体是非常重要的。有专家指出，在运动时间有限的前提下，适度提高运动强度，或许会对改善中小学生体质有所帮助。世界卫生组织对学生每周体力活动量有明确建议：5～17岁儿童及青少年每天至少要达到1小时中高强度体力活动，同时强壮肌肉及骨骼的体力活动至少要达到每周3次。同学们你们达到这个运动强度了吗？

随着家庭物质生活条件提高，学生"过营养化"问题突出。课业负担重，学习时间过长，体力活动少等导致身边"肥胖率"居高不下。一些学生由于身体脂肪堆积过多，内分泌与健康体重的学生有一定的不同，如果出现心率过快，就会容易引发心脑血管疾病，影响健康。

心脏是人体内最重要的器官之一，主要功能就是为血液流动提供动力，把血液输送至身体各个部位，运输氧和各种营养物质，并且带走代谢的终产物，使细胞维持正常的代谢和功能。每个学生的身体素质不同，心跳次数也有差异，心跳频率不同会对人体产生不同的影响。

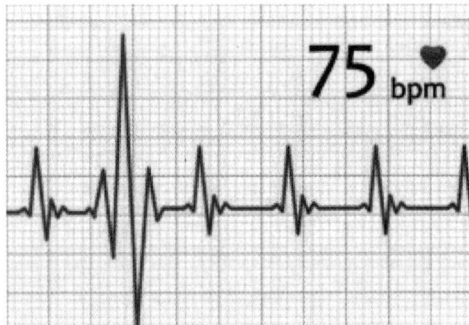

图 5-1　起跑线　　　　图 5-2　心率示图

任务：
我们试着做一个心率测量仪，测量一下我们自己的心率是每分钟多少次吧！同时可以做一个长期跟踪记录表。

二、项目筹备

（一）组建团队

请组建你的团队，并对组内成员进行分工。

（二）准备器材

本项目需要的传感器和其他器材如表 5-1 所示。

表 5-1　器材需求表

序号	名称	数量	用途
1	心率传感器	1 个	测量心率
2	数码管	1 个	显示心率
3	亚克力板	若干	作外壳
4	美工刀	1 把	切割材料
5	热熔胶枪	1 把	粘贴零件与材料
6	DFRduino UNO R3UNO 主控板	1 块	带扩展板
7	杜邦线	若干	连接电路
8	蜂鸣器	1 个	报警用
9	红色 LED 灯	1 个	闪烁报警

（三）主要传感器等硬件知识介绍

1. 心率传感器

本课使用超小型心率传感器（只有拇指大小），采用光电容积脉搏波描记法（PPG），通过测量血液中血红蛋白随心脏跳动而对氧气吸收的变化量来测量人体心率参数。该方法拥有响应性快，性能稳定，适应性强等特点。模块拥有方波和脉搏波两种信号输出模式，可以通过板载开关（D/A）自由切换输出信号。脉搏波将输出一个连续的心率波形，而方波将根据心率的变化输出对应的方波。此传感器只可以佩戴于手指、手腕、耳垂等皮肤裸露处，可广泛应用于手环、腕带等可穿戴饰品的 DIY 制作。

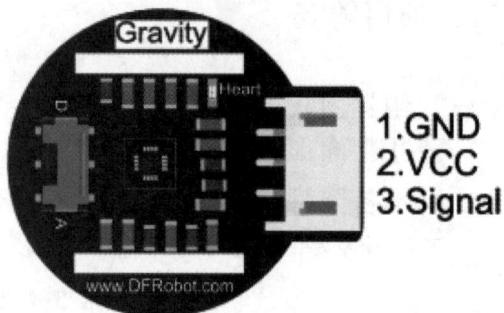

图 5-3 心率传感器　　　　　　　　　　图 5-4 心率传感器引脚图

2. 数码显示管

　　四位数码显示管有两种芯片。一种是 TM1637 芯片，它是带键盘扫描接口的 LED 驱动控制专用电路，内部集成有 MCU 数字接口、数据锁存器、LED 高压驱动、键盘扫描等电路。另外一种是 TM1650 芯片，它也是带键盘扫描接口的 LED（发光二极管显示器）驱动控制专用电路，内部集成有 MCU 输入输出控制数字接口、数据锁存器、LED 驱动、键盘扫描、辉度调节等电路。两种数码管 4 个引脚和主控器的接线方式不同，在 Mixly 编程中使用的方法也不同。

图 5-5　四位数码显示管

三、动手实践

（一）主要硬件的编程测试

　　1. 测试心率传感器。把心率传感器接入主控器模拟口 A0。在 Mixly 程序中用变量"item"获取心率值并用串口换行打印的方式检测一下心率值；可以检测一下不同手指和手腕。注意此为静态心率传感器，测量时请勿随意移动，也勿按压过紧。此心率传感器模块为 Mixly 的第三方库。

图 5-6　串口打印心率值

同学们也可以尝试在以下情况下查看心率的读取值：

表 5-2　测试心率值

情景模式	返回值
端坐（安稳静止）	
散步（轻微运动）	
长跑（剧烈运动）	

2. 四位数码显示管。数码管接入到主控器的 I2C 接口，注意 4 条数据线的两端连接处对应。下图是隔行隔秒轮流显示"abcd"和"1234"。

图 5-7　测试数码管

（二）软件流程设计

四位数码显示屏读取显示心率传感器的值，如果值高于 95 次 / 分或低于 55 次 / 分，说明心率有问题，则响起蜂鸣器并亮红灯报警（可以连续几次执行报警程序）。

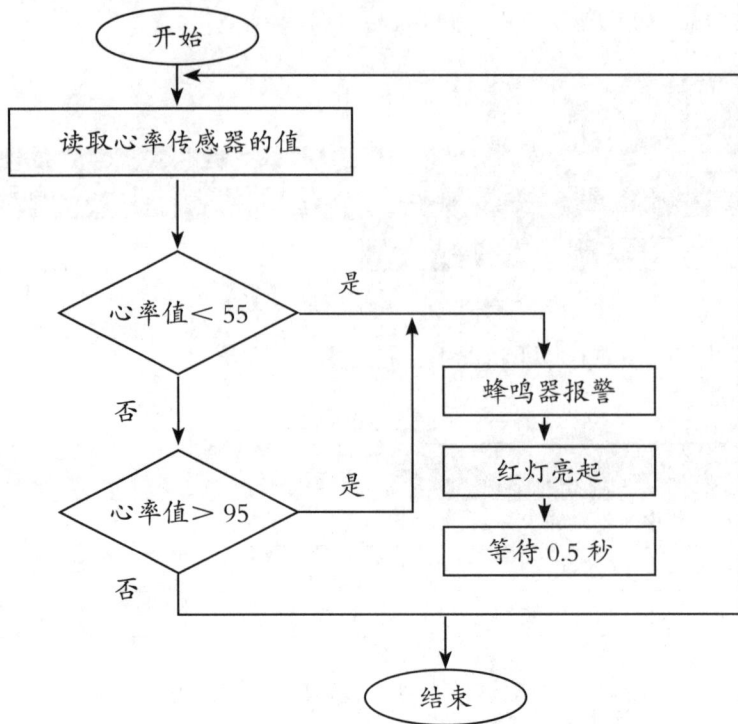

图 5-8 程序设计流程图

(三)连接硬件设备

主控器扩展板数字口 3 和 4 分别接蜂鸣器和 LED 灯（为了效果可以多增加 LED 灯）；主控器扩展板模拟 A0 号口接心率传感器；四位数码显示器是采用 TM1650 芯片与主控器拓展版的 I2C 接口（注意 4 个排线）。如下图所示。

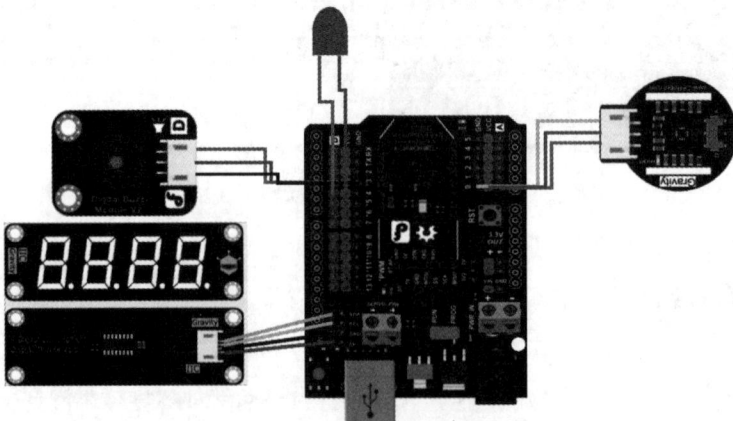

图 5-9 硬件接线图

（四）程序编写与测试

下图编程示例中，首先是声明 item 为整数变量并赋值为心率传感器的值。当心率值高于 95 次/分或低于 55 次/分，才闪灯和蜂鸣器报警。具体程序如下图所示。

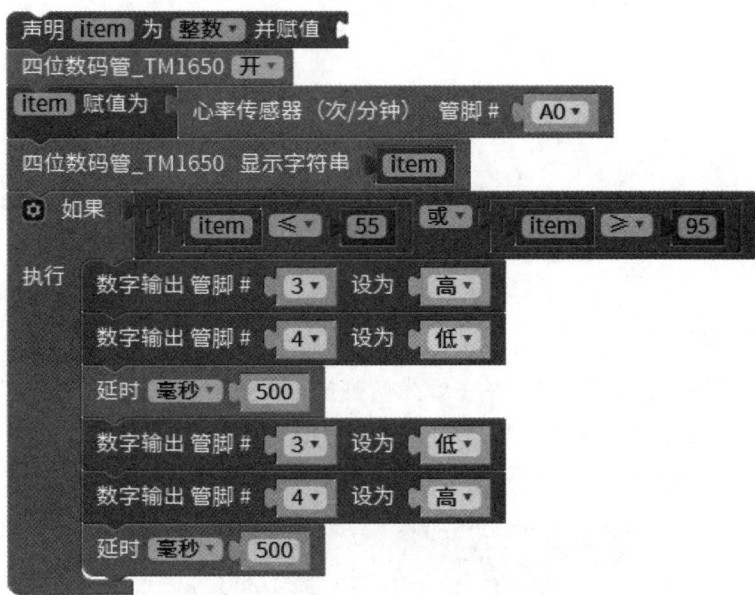

图 5-10 Mixly 编程图示

（五）工程制作

1. 测量传感器尺寸，并填写下列表格，注意硬件的结构。

表 5-3 传感器大致尺寸表

序号	名称	长 × 宽 × 高（cm³），直径（cm）	是否需要外露等要求
1	UNO R3 主控板		
2	四位数码显示管		
3	蜂鸣器		
4	红色 LED 灯		
5	心率传感器		

2. 制图和布局。

根据心率测量仪的功能要求和硬件结构布局，我们测算作品外观的大概尺寸，在数次推演后，得出长、宽、高分别为 8.6 厘米、6.9 厘米、5.6 厘米的折中尺寸。随后，

47

我们利用 LaserMaker 激光软件的"快速造盒"功能，设计出外观的雏形，并细化各功能区域。

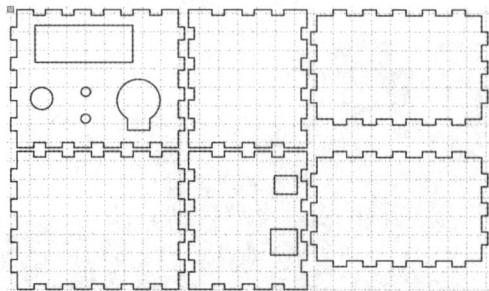

图 5-11 软件制图

3. 选取材料制作外观。

我们将设计好的外观草稿，经由激光切割机进行实际切割操作（需在老师指导下进行，并做好安全防护措施）。同学们可使用废旧瓦楞纸、KT 板等材料制作外观。在使用各种工具时需注意安全，做好用电防护，做好护目、护肤措施。

图 5-12 激光切割成型

第一步，拼接成型，适应测试。逐个放入硬件，看尺寸是否合适，若不合适，需要调整激光切割的各个参数，或用其他工具修整一下外观结构。

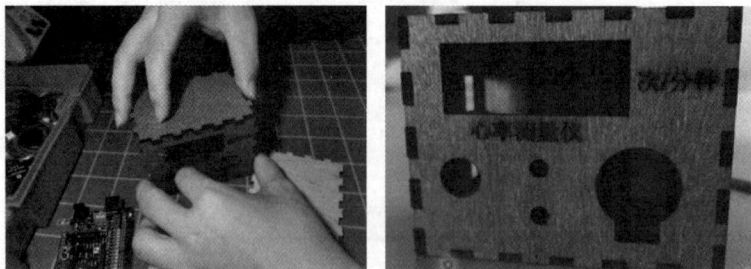

图 5-13 外观拼装成型

第二步，固定硬件，使产品成型。

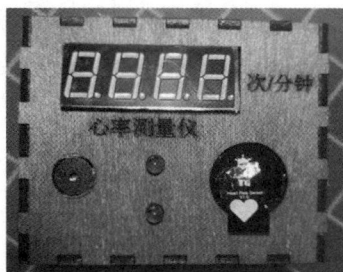

图 5-14　固定硬件

4. 通电测试。可测试不同手指。若发现有问题，需逐步排查，如图 5-15 所示为正常测试结果。

图 5-15　完成测试

5. 问题探索与程序调试。

相信同学们在程序编写和工程制作中遇到了不少问题，请同学们在表 5-4 中填写调试记录。

表 5-4　调试记录表

问题解决与项目调试	问题分析与解决步骤
1. 当手未按压心率传感器的时候是否有读数？读数需要 10 秒左右才正常，有没有办法解决这个问题？	
2. 尝试增加录音模块，当心率值大于 95 时，播放"心率过高"；低于 55 时，播放"心率过低"；中间情况播放"心率正常"	
3. 尝试编程当心率值从 50 到 100 变化时，让蜂鸣器和灯的闪烁频率也跟着分 5 挡加快	
4. 此心率传感器另外一个功能是测试血氧饱和度，请用 OLED 屏显示，并编程使血氧饱和度的结果能打印出来	

同学们，我们已经掌握了心率传感器模块的基本原理，制作了一个简易的心率测量仪。我们还能用哪些设备对这个作品的其他功能进行改进？（如用显示屏显示出心率波形图，增加红外温度模块测量体表温度……）

扫码下载学生工作纸，提取码 ssck

四、阅读拓展

AI 精准健康管理　开启未来健康生活

近日，首部《人工智能蓝皮书：中国医疗人工智能发展报告》正式发布。报告显示，人工智能前沿技术正在快速融入医疗。大数据与人工智能将被用于精准识别医学影像中的早期病灶，定位致病基因并开展相应的靶向治疗，以及提前预警重大健康风险等。

图 5-16　人工智能与医疗

人工智能自诞生之日起，就与医学密不可分。以神经生理和神经解剖学研究成果为基础，"实现人类水平的智能"可说是人工智能领域研究者最初的梦想。现实中，医学研究的不断深入，为人工智能发展开启了新的维度；人工智能的技术创新与应用拓展，也对医疗行业产生着深刻影响。

如今，AI 技术已经深入临床辅助诊断、医学影像、脑科学乃至中医学等医学领域。以医学影像为例，目前人工智能已经成功应用于肺部疾病、乳腺疾病、神经系统疾病、心血管系统疾病等方面。借助植根于大数据的人工智能算法，医生能够显著提升疾病筛查和诊断的效率，为科学制定治疗方案提供可靠的辅助。此外，在新药研发过程中，利用深度学习功能，可大大缩短研发周期、控制研发成本，更好地造福患者。在一些大医院，新型医疗机器人常驻病房，对病情监测、病患护理等发挥了独特作用。可以说，人工智能的快速发展，极大地提高了医疗生产力。

大数据、人工智能在医疗领域的应用，还促进了医疗服务模式、健康管理理念的改变。如今，人们无需常往医院跑，就能对自身进行日常健康管理。通过智能可穿戴设备、家庭智能健康检测监测设备，能够实时动态监测健康数据，精准把握个人健康情况。尤其在血糖管理、血压管理、用药提醒、健康要素监测等方面，人工智能可以提供常态化、精细化的指导，为特定群体提供全方位、全周期的健康服务。这些，不仅有利于加强疾病预防、提高慢性病管理效率，也能提升公众的健康观念，从根本上节省全社会的医疗成本。

此外，AI 还可以精准健康管理，基于生命信息数字化、体适能数字化和生活轨迹数字化构筑的数据库及计算系统所支持，涵盖 2000 多种生活方式全景数据及上万条健康类知识图谱，整合个体体征信息、生活方式及偏好、动态监测等健康信息并制定智能健康干预方案，是对生命的精准数字化管理。健康管理的完整闭环通过覆盖健康评测、健康报告、健康方案、方案执行、反馈信息五个环节来实现，其中智能健康干预方案包含智能配餐系统、智能运动调节系统、智能生活方式调整系统及智能心理干预系统，目前智能配餐功能和运动调节功能已实现至应用层。（内容来源：人民网）

第二章 进阶篇

　　"做中学""学中做"是创客教育发展的步骤，让任务驱动学习。 在本章环节中，教师将与我们达成互动，为我们的学习带来丰富的体验，我们需要相互切磋，相互协作。

　　本章为我们设置了更多丰富的参与项目，能够成为我们项目学习的载体，也能积极地带动我们的学习成长，让我们一起来快乐地参与制作、交流、分享吧！

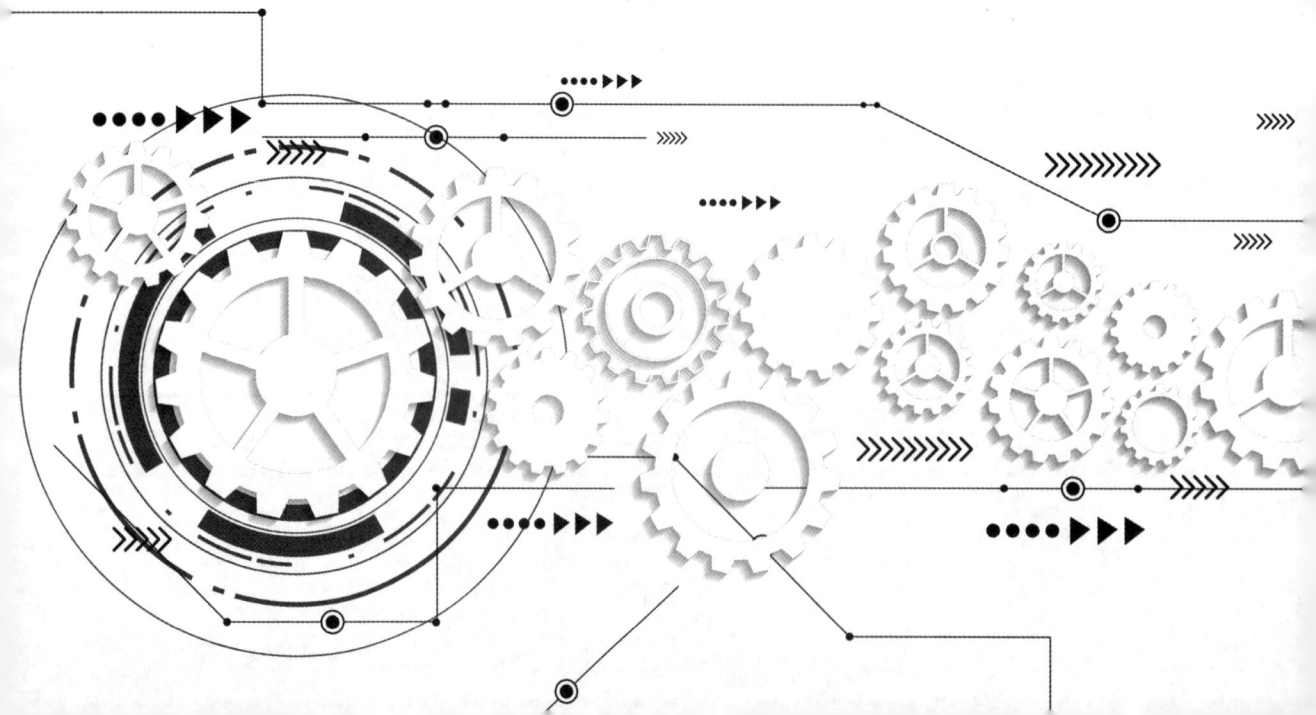

第6课 电子琴

一、观察与思考

爸妈在育儿过程中不仅希望自己的宝宝能学会日常生活的必备技能，还想让宝宝们在艺术方面有所造诣，像美术、声乐、跳舞等，都是常常被家长们拿来当作必备技能的选项，钢琴就是其中之一。

钢琴对于培养孩子肢体协调力、增强智力大有好处,在孩子练习弹奏钢琴的过程中，要求十个手指在各自独立的前提下，保持积极敏捷的活动，听觉也要十分专注，手、眼、耳、脑等多方面协调配合。这对促进孩子接受能力、创造想象力以及思维理解能力等都有很大的提高作用。

在学习钢琴的过程中，孩子们会接触大量的优秀钢琴作品，阅读大量的优秀书籍，这对于丰富他们的知识世界有很大好处。长期的熏陶还可以培养有魅力的人格、丰富的情感以及开朗乐观的性格。

图 6-1 学习钢琴

> **任务：**
> 今天，让我们利用现有的器材来制作一款不占过多空间的非传统式按键的电子琴吧。

二、项目筹备

（一）组建团队

请组建你的团队，并对组内成员进行分工。

（二）准备器材

本项目需要的传感器和其他器材如表 6-1 所示。

表 6-1 器材需求表

序号	名称	数量	用途
1	数字触摸开关	7 个	电子琴按键拨片
2	Arduino UNO 主控板	1 块	装载程序
3	杜邦线	若干	连接电路
4	椴木板	若干	制作电子琴外壳
5	6 节 5 号电池盒	1 个	供电装置
6	带功放喇叭模块	1 个	声音产生装置

（三）传感器相关知识介绍

1. 数字触摸开关

触摸开关基于电容感应原理。人体或金属在传感器金属面上的直接触碰会被感应到。除了直接触摸，隔着一定厚度的塑料、玻璃等材料的接触也可以被感应到，感应灵敏度随接触面的大小和覆盖材料的厚度而变化。

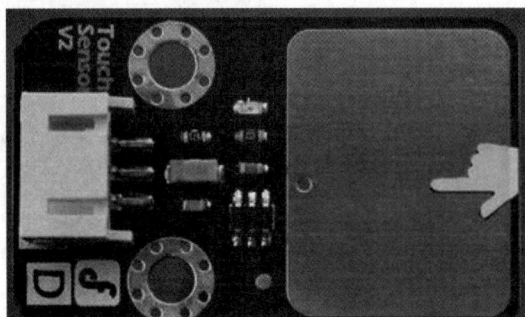

图 6-2 数字触摸开关

2. 带功放喇叭模块

新款带功放喇叭模块基于高保真 8002 功放芯片制作，在输出音乐的同时，能够确保输出音频不失真。支持音量调节功能，可通过电位器调节输出音量的大小。支持宽电压输入，模块可以在 2 ~ 5.5 V 电压环境下工作，兼容 3.3 V 和 5 V Arduino 主控器。配合 Arduino（Tone）函数还可以让你的 Arduino 主控器一瞬间变成音乐播放器。体积小巧，使用方便。

图 6-3 带功放喇叭模块

三、动手实践

（一）主要硬件的编程测试

1. 测试数字触摸开关。把 7 个数字触摸开关接入主控器 4 至 10 数字口，配合带功放喇叭模块来测试数字触摸开关是否正常工作。

图 6-4 测试数字触摸开关

2. 测试带功放喇叭模块。把带功放喇叭模块接入主控板 11 号数字口。在 Mixly 程序中使用任一频率来测试喇叭模块是否正常工作。

图 6-5 测试带功放喇叭模块

（二）软件流程设计

在软件流程设计环节当中，我们首先用数字触摸开关来作为电子琴键位的装置，七个数字触摸开关对应七个键位，分别映射七个基础音阶。当第一个键位被触碰，就发出"DO"的音；第二个键位被触碰，就发出"RE"的音……另外，当第八个键位被触碰则播放乐曲。

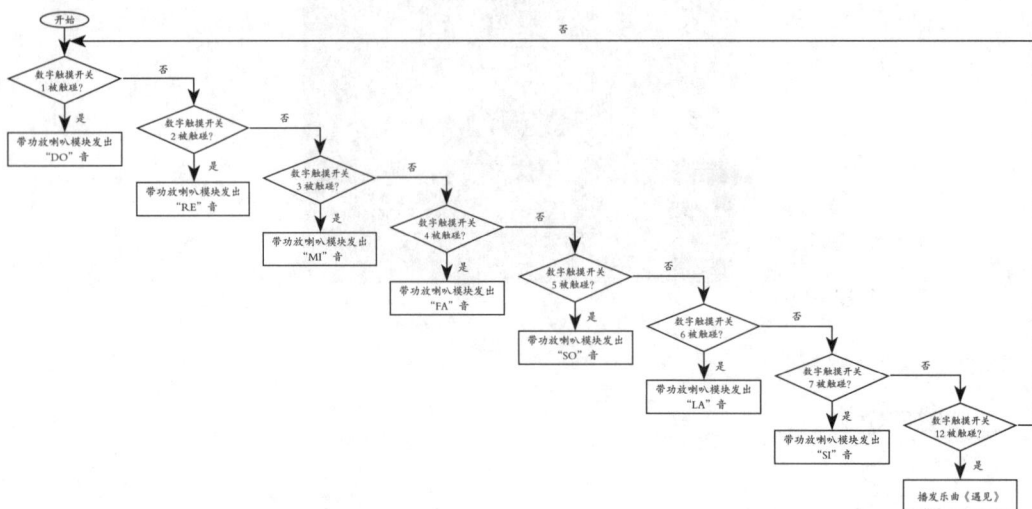

图 6-6 流程图

（三）连接硬件设备

主控器 4 至 10 号数字口以及 12 号数字口依次连接 8 个数字触摸开关。其中，12 号数字口连接的数字触摸开关将作为额外播放乐曲的触发按键。以上开关用来作为电子琴的键位；11 号数字口连接带功放喇叭模块，作为发声装置。

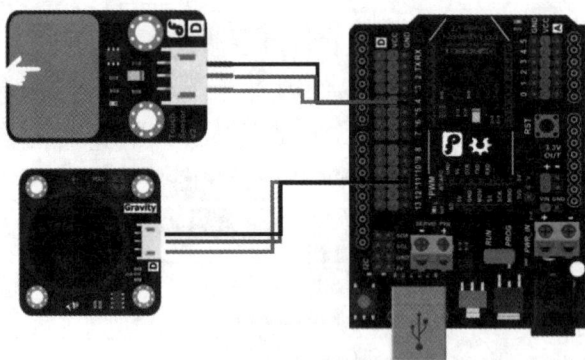

图 6-7 硬件连接图

（四）编写程序与测试

1. 常规的钢琴在演奏上会有音调、音阶的区别，各个音符、音频不尽相同。因此我们在制作电子琴时，需要了解音符、音频的对应关系。一首乐曲由若干音符组成，一个音符对应一个频率。当我们掌握到音符所对应的频率之后，我们就可以将其写入程序当中，供其播放演奏。程序初始化部分，我们首先需要将七个基本音阶进行一个频率定调。音调音阶与频率的对应表如下图（摘自网络）所示。

音符	A调	B调	C调	D调	E调	F调	G调
1	221	248	131	147	165	175	196
2	248	278	147	165	175	196	221
3	278	294	165	175	196	221	234
4	294	330	175	196	221	234	262
5	330	371	196	221	248	262	294
6	371	416	221	248	278	294	330
7	416	467	248	276	312	330	371
1	441	495	262	294	330	350	393
2	495	556	294	330	350	393	441
3	556	624	330	350	393	441	495
4	589	661	350	393	441	465	556
5	661	742	393	441	495	556	624
6	742	833	441	495	556	624	661
7	833	935	495	556	624	661	742
1	882	990	525	589	661	700	786
2	990	1112	589	661	700	786	882
3	1112	1178	661	700	786	882	990
4	1178	1322	700	786	882	935	1049
5	1322	1484	786	882	990	1049	1178
6	1484	1665	882	990	1112	1178	1322
7	1665	1869	935	1112	1248	1322	1484

图 6-8　音符频率对应表

本案例中，我们采用 C 调的七个基本音阶作为基准，声明七个变量。

声明	变量	为	类型	并赋值	值
声明	DO	为	整数	并赋值	262
声明	RE	为	整数	并赋值	294
声明	MI	为	整数	并赋值	330
声明	FA	为	整数	并赋值	350
声明	SO	为	整数	并赋值	393
声明	LA	为	整数	并赋值	441
声明	SI	为	整数	并赋值	495

图 6-9　七个基础音阶变量声明

2. 将七个音阶与七个数字触摸开关建立联系，如果 4 号数字口的数字触摸开关被触碰，则发出"DO"音，如果 5 号数字口的数字触摸开关被触碰，则发出"RE"音，依次类推。

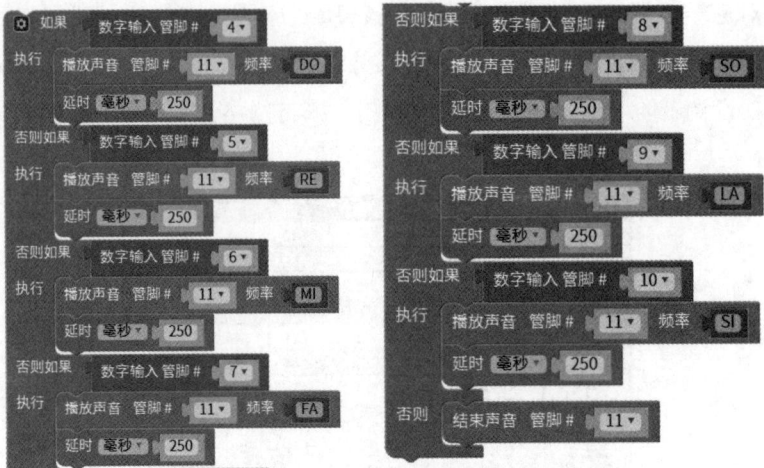

图 6-10 琴键的主程序

3. 编写 12 号数字口的数字触摸开关，当触摸开关被触碰之后，播放乐曲。建立三个数组，分别是音阶、曲目以及节拍。通过获取曲目的项数，来调用音阶数组中的对应频率，再结合相应的节拍时长间隔来播放。以本课乐曲为例，通过左上角我们不难发现是 C 调，因此音符频率按上表来制作数组。当掌握好音符频率之后，我们需要控制节拍，每个音符都会播放一定的时间。节拍分为一拍、半拍、$\frac{1}{4}$ 拍、$\frac{1}{8}$ 拍等，我们规定一拍音符的时间为 1，那么半拍则为 0.5，$\frac{1}{4}$ 拍为 0.25，$\frac{1}{8}$ 拍为 0.125。简谱上，单独一个数字则为一拍，如果出现下划线，则划到的数字音符合为一拍，即两个数字的话，就是各半拍，为 0.5；四个数字的话，就是各 $\frac{1}{4}$ 拍，即 0.25，以此类推。因此我们可以看谱编写出节拍的数组。

图 6-11 乐曲《遇见》简谱

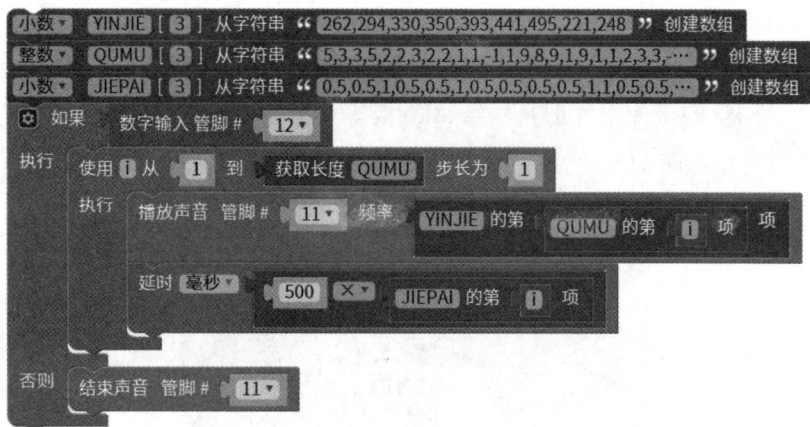

图 6-12　乐曲播放程序

（五）工程制作

1. 测量传感器尺寸，并填写下列表格。

表 6-2　传感器大致尺寸表

序号	名称	长 × 宽 × 高（cm³），直径（cm）	是否需要外露等要求
1	数字触摸开关		
2	带功放喇叭模块		
3	Arduino UNO 主控板		
4	6 节 5 号电池盒		

2. 制图与布局。

根据所有硬件的尺寸和放置位置，估算出产品的大概长、宽、高。可以根据上表测量的硬件尺寸值用纸笔画出其大致外观，我们这里使用激光切割机附带的绘图软件工具 LaserMaker 来进行制作。制图软件繁多，同学们并不一定拘泥于单款软件，可以根据自身情况，选择喜欢的制图方式。

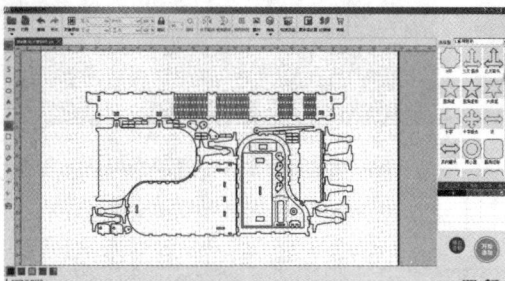

图 6-13　LaserMaker 制电子琴设计图

3. 选取材料制作外观。

我们选用木板，放在激光切割机中切割成型（需在老师指导下进行，并做好安全防护措施）。同学们可使用废旧瓦楞纸、KT 板等材料制作外观。在使用各种工具时需注意安全，做好用电防护，做好护目、护肤措施。

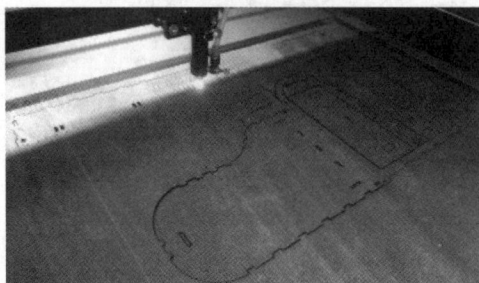

图 6-14 激光切割工作过程

4. 拼接成型，适应测试。

逐个放入硬件，看尺寸是否合适，若不合适，需要调整激光切割的各个参数，或用其他工具修整一下外观结构。

5. 固定硬件，使产品成型。

逐个固定硬件，可以采用上螺丝方式，也可采用热熔胶固定，特别注意数字触摸开关极其灵敏，容易误触，我们在粘贴的时候，要注意保护触摸面，以免失灵。

6. 通电测试。

可以尝试演奏几首美妙的乐曲，测试音符频率的契合度。

图 6-15 拼接电子琴成品　图 6-16 粘贴各种传感器硬件　　图 6-17 测试产品

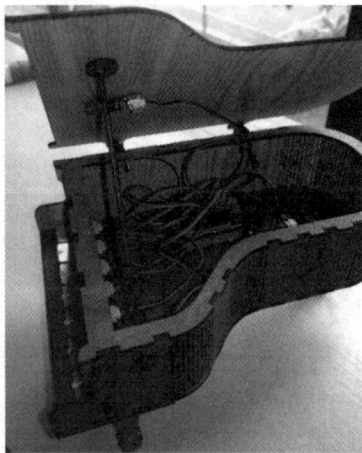

7. 问题探索与程序调试。

相信同学们在程序编写和工程制作中遇到了不少问题，请同学们在表 6-3 中填写调试记录。

表 6-3 调试记录表

问题探索或调试项目	问题分析
1. 在制作电子琴时，我们采用的是触摸开关，请思考传统的物理按键与它的最大区别是什么？	
2. 在制作电子琴时，我们目前只考虑了基础音阶部分的程序设计，请问如何进一步解决节拍、变奏等问题？	
3. 请思考能否编写程序，实现电子琴在我们弹奏完成之后能自动根据弹奏情况进行评分？	

同学们，我们已经掌握了数字触摸开关、带功放喇叭模块的基本原理，在这里我们还能用哪些传感器来改善升级我们的电子琴呢？（如使用超声波来充当按键……）还能给我们的作品增加哪些功能呢？（如自动评分功能……）

扫码下载学生工作纸，提取码 ssck

第 7 课　环境检测仪

一、观察与思考

近期巴西科学家在南极西摩岛上测得 20.75℃ 的新高温纪录，这是有记录以来南极气温首次超过 20℃！全球变暖正在加速！许多科学家认为，人类燃烧大量矿物燃料，排放 CO_2 等温室气体，砍伐森林等造成植物对 CO_2 吸收减少，氟氯烃化合物等温室气体增多，可能是全球变暖的原因之一。全球变暖会导致全球降水量重新分配，使冰川和冻土消融，海平面上升，不仅危害自然生态系统的平衡，还威胁人类的食物供应和居住环境。

"绿水青山就是金山银山。"这句话反映了地理中的可持续发展思想，人与自然是命运共同体，人类必须尊重自然、顺应自然、保护自然。据此针对人类面临的环境问题我们提出了根本的解决办法，就是人与自然要和谐发展，在发展经济的同时要保护生态环境，降低温室气体排放，减缓全球变暖趋势。

图 7-1　北极冰川融化加速

图 7-2　澳大利亚丛林大火

图 7-3　绿水青山

图 7-4　空气质量检测装置

任务：
同学们，我们应该关心我们所处的生活环境，一起制作一个智能的环境检测仪，来监测一下我们生活环境的空气质量吧！

二、项目筹备

（一）组建团队

请组建你的团队，并对组内成员进行分工。

（二）准备器材

本项目需要的传感器和其他器材如表 7-1 所示。

表 7-1 器材需求表

序号	名称	数量	用途
1	烟雾浓度传感器	1 个	气体传感器
2	温湿度传感器	1 个	测量空气温湿度
3	木板、亚克力板	若干	外壳
4	美工刀等工具	若干	切割材料
5	热熔胶枪	1 把	粘贴零件与材料
6	UNO R3 主控板＋扩展板	1 块	编程
7	杜邦线	若干	连接电路
8	OLED 显示屏	1 个	显示用
9	蜂鸣器	1 个	数值过高时发出蜂鸣
10	LED 灯	若干	数值过高闪烁报警
11	PM2.5 激光粉尘传感器	1 个	监测空气粉尘

（三）传感器相关知识介绍

1. 气体传感器

气体传感器是基于气敏元件的 MQ2 气体传感器，可以很灵敏地检测到空气中的烟雾、液化气、丁烷、丙烷、甲烷、乙醇、氢气等气体。可用于厨房煤气、天然气泄漏报警装置，也可用于地下室等特殊场所有毒气体的检测。

图 7-5 气体传感器

2. 温湿度传感器

DHT11 数字温湿度传感器是一款含有已校准数字信号输出的温湿度复合传感器。它应用专用的数字模块采集技术和温湿度传感技术，有卓越的稳定性。

关于环境温湿度，国家发布实施了室内空气标准，夏季制冷时，相对湿度以 40% ～ 80% 为宜；冬季采暖时，应控制在 30% ～ 60%。

图 7-6 DHT11 数字温湿度传感器

3. 显示屏（I2C OLED-2864 显示屏）

OLED 又称作有机发光二极管，相比传统的 LCD，OLED 具备更快的响应速度和更轻薄的体积优势，屏幕厚度可以小于 1 毫米，仅为 LCD 屏幕的 $\frac{1}{3}$ 左右，可以广泛应用于移动设备的显示应用上。配合一些微型的 Arduino 主控器，如 Beetle，CurieNano 等小板，完全可以自己制作一款带显示功能的智能穿戴设备。

图 7-7 I2C OLED-2864 显示屏

4. PM2.5 激光粉尘传感器

PM2.5 是指直径小于或等于 2.5 微米的颗粒物，2.5 微米相当于头发丝直径的 $\frac{1}{20}$。PM2.5 以下的细微颗粒物，人体的鼻腔、咽喉已经阻挡不住，它们可以一路下行，进入支气管、肺泡，再通过肺泡壁进入毛细血管，再进入整个血液循环系统，对人体的呼吸系统和心血管系统造成伤害。很多人会把 PM2.5 和雾霾直接划上等号，其实不然。PM2.5 只是雾霾的一种组成部分，之所以会有这种概念上的误差，是因为 PM2.5 颗粒物是构成霾的主要成分，也是对人体伤害最大的一种成分。

本课介绍的 PM2.5 激光粉尘传感器，它可以有效检测直径小于或者等于 2.5 微米的颗粒物。传感器采用激光数字式通用颗粒物浓度传感器，可以用于检测单位体积空气中 0.3 ～ 10 微米悬浮颗粒物的个数，即颗粒物浓度。

图 7-8　夏普 PM2.5 粉尘传感器

三、动手实践

（一）主要硬件的编程测试

1. 测试气体传感器。把气体传感器接入主控器模拟口 A0。在 Mixly 程序中用串口换行打印的方式检测一下气体传感器获取的气体浓度值；在旁边点燃一小片纸巾后（保证安全的前提下），对比一下看最大值能上升多少。

图 7-9　串口换行打印气体值

2. 测试温湿度传感器。把温湿度传感器接入主控器数字口 D3。在 Mixly 程序中用串口换行打印的方式隔秒分开显示温度、湿度，检测一下环境的温度和湿度值。

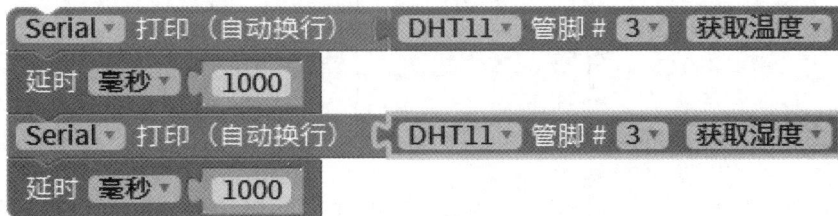

图 7-10　串口换行隔秒打印温度和湿度

3. 测试 PM2.5 传感器。把 PM2.5 传感器接入主控器数字口 D10，在 Mixly 程序中用串口换行打印的方式检测一下 PM2.5 传感器获取的值（单位：μg/m³）；在旁边点燃一小片纸巾后（保证安全的前提下），对比一下看最大值能上升多少。

图 7-11 串口换行打印 PM2.5 值

（二）软件流程设计

OLED 显示屏读取并显示环境温湿度、气体浓度和 PM2.5 值，环境检测值过高时蜂鸣器响起并亮红灯报警。PM2.5 的数值高于 75 μg/m³ 时，代表空气已有轻度以上的污染。

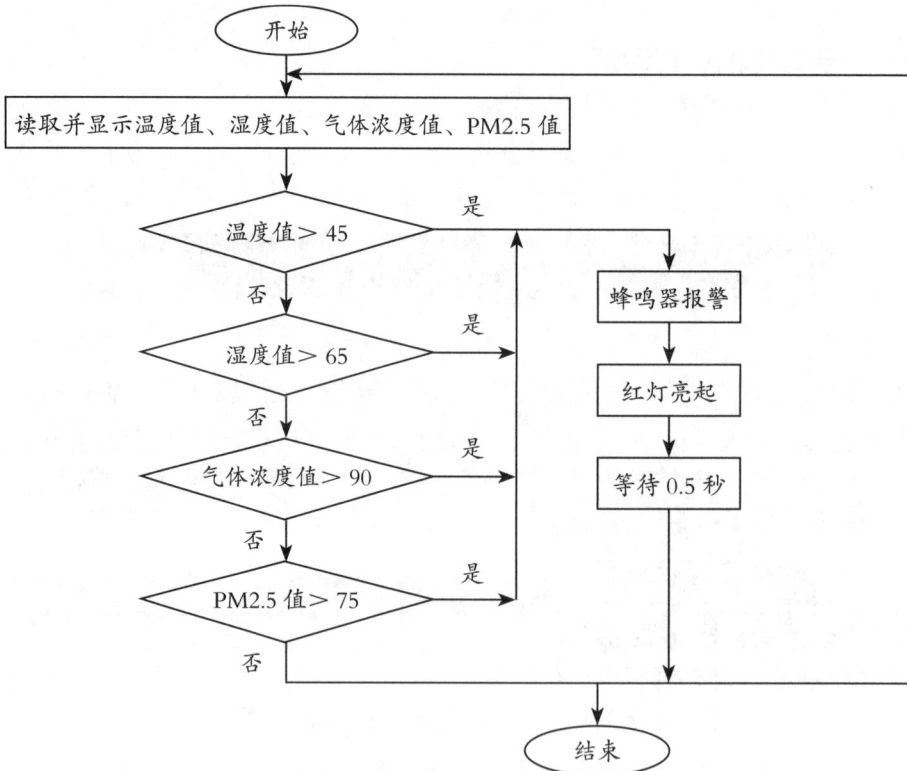

图 7-12 程序设计流程图

（三）连接硬件设备

主控器扩展板数字口 3、5 和 6 分别接温湿度传感器、蜂鸣器和 LED 灯；主控器扩展板模拟 1 号口接气体传感器；OLED 显示屏接 I2C 接口（注意 4 个排线）；PM2.5 传感器接主控扩展板 BT/APC 口（注意 TXD、RXD 接口）。如下图所示。

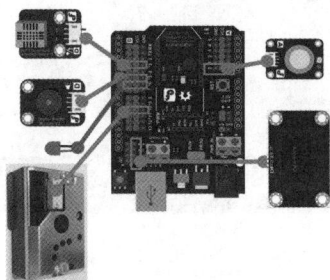

图 7-13　主要硬件连接图

（四）程序编写与测试

1. 声明变量 pm 为 PM2.5 的值变量，声明变量 temp、hoil、gas、PM2.5 作为读取温度、湿度、气体浓度和 PM2.5 的值。初始化 OLED 显示屏。

图 7-14　Mixly 编程图示

2. 此 PM2.5 模块是 Mixly 软件的第三方库，它的使用比较复杂，我们这里把显示屏函数也包含其中。

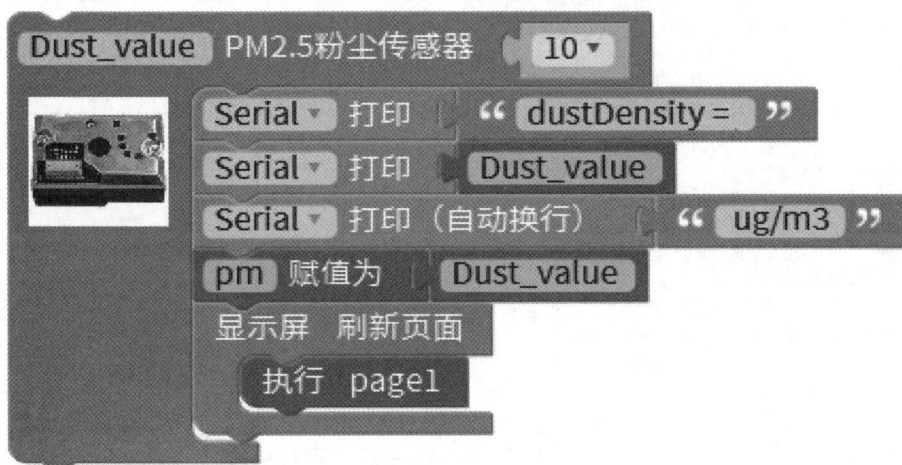

图 7-15　Mixly 编程图示

3. 显示 page1 函数。在 OLED 显示屏中分行提示并显示各传感器的值。

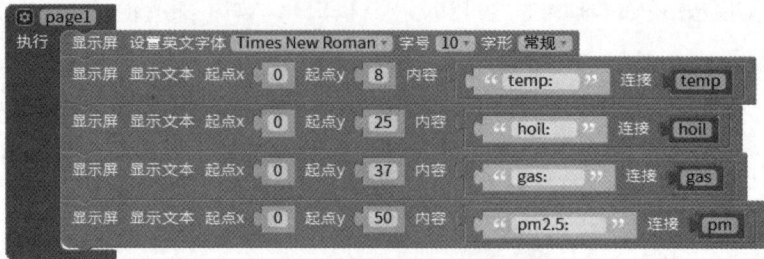

图 7-16 Mixly 编程图示

4. 判断如果温度值过高的话，屏幕在第一行后面位置提示高 "->HIGH"；蜂鸣器响起，LED 灯亮起报警。若其他传感器获取值过高，以同样的编程方式提示和报警。

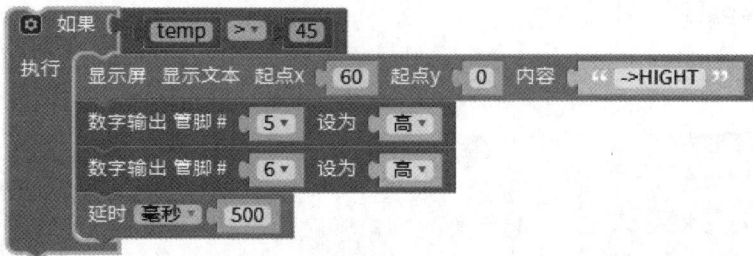

图 7-17 Mixly 编程图示

（五）工程制作

1. 测量传感器尺寸，并填写下列表格。

表 7-2 传感器大致尺寸图

序号	名称	长×宽×高（cm³），直径（cm）	是否需要外露等要求
1	UNO R3UNO 主控板（扩展板）		
2	OLED 显示屏		
3	蜂鸣器		
4	红色 LED 灯		
5	PM2.5 激光粉尘传感器		
6	烟雾浓度传感器		
7	温湿度传感器		

2. 制图和布局。制图是为了适应各个主要硬件固定在所在位置而去制作所需的外

观结构图。根据所有硬件的尺寸和放置位置，估算出产品的大概长、宽、高。可以根据上表测量的硬件尺寸值用纸笔画出其大致外观，我们这里使用一款激光切割机附带的绘图软件工具 Laser Maker 来进行制作，制图软件很多，同学们可以根据自身情况，选择合适的制图方式。

　　首先，打开 LaserMaker 软件，点击快速造盒工具，根据估算的尺寸填入长、宽、高，生成六个面的预览图。

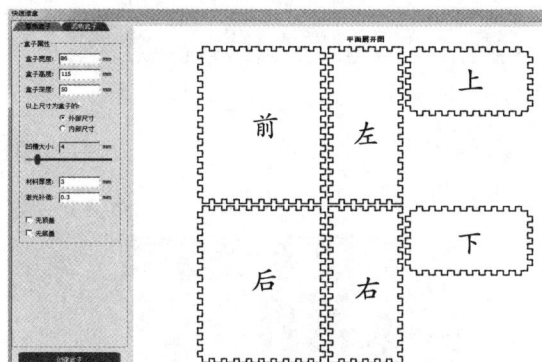

图 7-18　软件制图

第二步，把要外露出的硬件所在的位置镂空，如图所示。

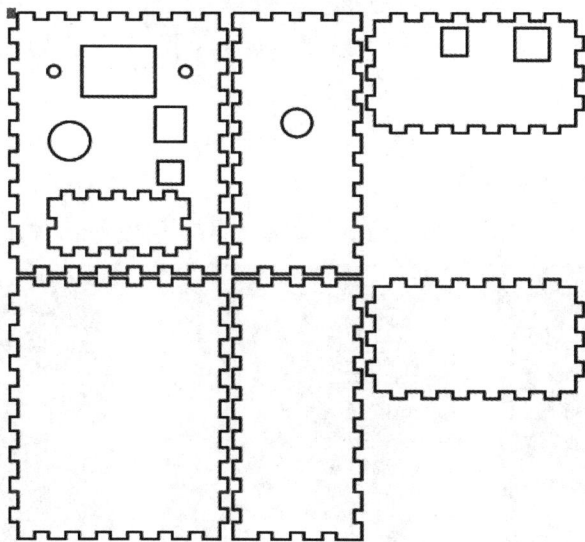

图 7-19　软件制图"镂空"

3. 选取材料制作外观。

　　我们这里选取亚克力板或者木板，放在激光切割机中切割成型（需在老师指导下进行，并做好安全防护措施）。同学们可使用废旧瓦楞纸、KT 板等材料制作外观。在使用各种工具时需注意安全，做好用电防护，做好护目、护肤措施。

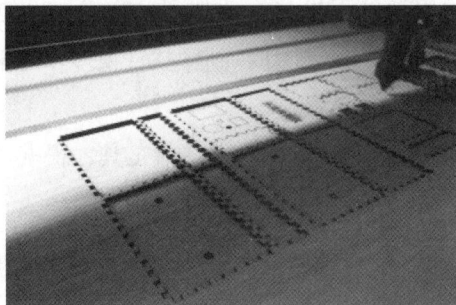

图 7-20 激光切割成型

4. 拼接成型，适应测试。逐个放入硬件，看尺寸是否合适，若不合适，需要调整激光切割的各个参数，或用其他工具修整外观结构。

图 7-21 拼接成型

5. 固定硬件，使产品成型。

逐个固定硬件，可以采用上螺丝方式，也可采用热熔胶固定。使用工具需注意安全。

图 7-22 固定硬件

6. 通电测试。测试能否正常运行，在产品旁边点燃一小片纸片，获得各个数据的值，如图所示。若发现不能正常运行，需逐步排查。

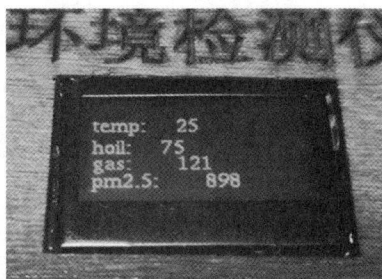

图 7-18　通电测试

7. 问题探索与程序调试。

相信同学们在程序编写和工程制作中遇到了不少的问题，请同学们在表 7-4 中填写调试记录。

表 7-4　调试记录表

问题探索与调试项目	问题分析与解决步骤
1. 请根据示例程序补全程序，当温度、湿度、气体浓度值、PM2.5 值过高时显示并报警	
2. 在正常通风环境中和封闭环境（可在一个安全的容器中点燃一张纸作为对照环境）分别检测湿度和气体值	
3. 尝试编程，当所有数值良好时，在显示器底部显示"GOOD"	

同学们，我们已经掌握了温湿度、气体、PM2.5 等传感器模块的基本原理，在这里我们学会了制作一个监测环境质量的检测仪。我们还能用哪些设备对这个作品的功能进行改进呢？（如语音播报、手机 App 控制、添加甲醛传感器……）

扫码下载学生工作纸，提取码 ssck

四、阅读拓展

空间技术在环境监测领域的研究前沿

上海大学遥感与空间信息科学研究中心李先华教授将激光雷达和高光谱技术相结合（主动和被动相结合），充分利用激光雷达对地成像探测大气、水体的穿透能力和高精度测距、空间定位的优势，通过地形改正，大气修正获得地面、水面和水底的数字地形图、数字地面模型和遥感数字立体图像，用以进行大气、地面、水面和水底的环境探测研究。

激光雷达 LiDAR(Light Detection and Ranging) 是激光探测及测距系统的简称。它是用激光器作为发射光源，采用光电探测技术手段的主动遥感设备。激光雷达是激光技术与现代光电探测技术结合的先进探测方式。由发射系统、接收系统、信息处理系统等部分组成。发射系统是由各种形式的激光器，如二氧化碳激光器、掺钕钇铝石榴石激光器、半导体激光器、波长可调谐的固体激光器以及光学扩束单元等组成。接收系统采用望远镜和各种形式的光电探测器，如光电倍增管、半导体光电二极管、雪崩光电二极管、红外和可见光多元探测器件等组合。激光雷达采用脉冲或连续波两种工作方式，探测方法按照探测的原理不同可以分为米散射、瑞利散射、拉曼散射、布里渊散射、荧光、多普勒等。

第8课　非接触红外测温枪

一、观察与思考

2020 年初，一场新冠肺炎疫情，阻挡了我们出行的脚步，也让人们对生命健康有了更加深刻的认识。在疫情期间，测量体温成了我们每天的必要工作，迫不得已出门时，所到之处也是必测体温。无论是一些路口，还是大型商场，都会有工作人员拿着体温枪对着我们轻轻一点，便迅速测出了我们的体温。与传统的水银体温计和电子体温计相比，体温枪具有更加简便和快捷的优点。那么，体温枪为什么可以这么快测量出人的体温，它的工作原理到底是什么呢？下面就让我们带着这些问题，进入本课的学习。

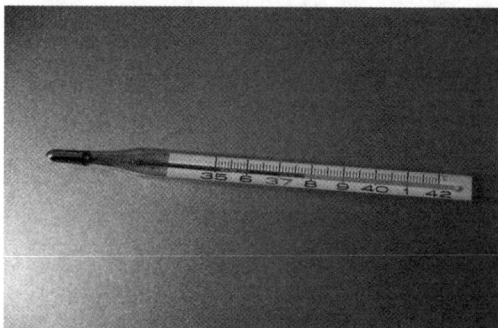

图 8-1　水银体温计

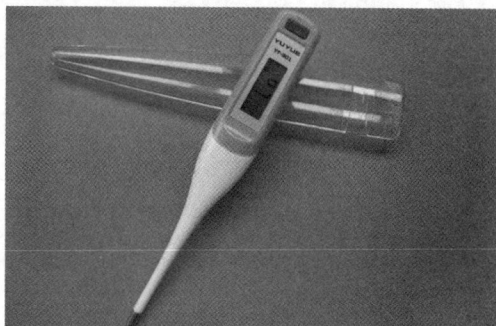

图 8-2　电子体温计

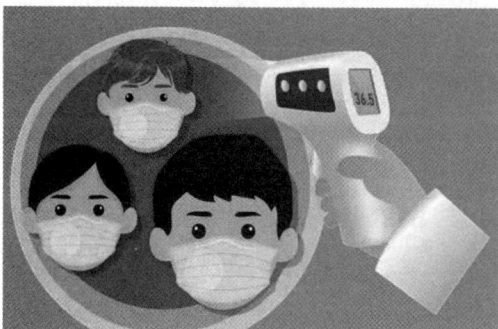

图 8-3　体温枪

测量部位	正常体温范围
直肠	34.4~37.8℃
腋窝	35.5~37.0℃
耳道	35.6~37.4℃
口腔	36.0~37.6℃
前额	36.1~37.3℃
核心温度	36.8~37.9℃

图 8-4　人体各个部位的正常温度

任务：
　　利用现有器材来制作一个非接触红外测温枪，当我们按下测量按钮，测温枪便测量所正对人的体温，在屏幕上显示测量结果。

二、项目筹备

（一）组建团队

请组建你的团队，并对组内成员进行分工。

（二）准备器材

本项目需要的传感器和其他器材如表 8-1 所示。

表 8-1 器材需求表

序号	名称	数量	用途
1	木板、亚克力板	若干	测温枪外观材料
2	激光切割机	1 台	切割木板、亚克力板
3	热熔胶枪	1 把	粘贴作品及传感器等零件
4	Beetle 控制器	1 块	Leonardo 主板
5	Beetle 控制器扩展板	1 块	扩展板
6	MLX90614 AAA	1 个	通用的红外测温模块
7	OLED 显示屏	1 个	显示测量体温
8	蜂鸣器	1 个	报警
9	杜邦线	若干	连接线
10	自锁按钮模块	1 个	开关

（三）知识储备

1. 非接触式红外温度传感器

一般来说，温度测量可分为接触式和非接触式。接触式测温只能测量被测物体与测温传感器达到热平衡后的温度，所以响应时间长，且极易受环境温度的影响；而红外测温是根据被测物体的红外辐射能量来确定物体的温度，不与被测物体接触，不影响被测物体温度场，并且具有温度分辨率高、响应速度快、稳定性好等特点。近年来，非接触红外测温在医疗、环境监测、家庭自动化、汽车电子、航空和军事上得到越来越广泛的应用。

非接触式红外温度传感器通过探测物体红外辐射能量的大小和波长的分布来检测物体表面的温度。红外测温器由光学系统、光电探测器、信号放大器和信号处理及输出等部分组成。光学系统汇聚其视场内目标的红外辐射能量，视场的大小由测温仪的光学零件及其位置确定。红外能量聚焦在光电探测器上并转变为相应的电信号。该信号经过放大器和信号处理电路，并按照仪器内的算法和目标发射率校正后转变为被测目标的温度值。

　　MLX90614 系列模块是一组通用的红外测温模块。在出厂前该模块已进行校验及线性化，具有非接触、体积小、精度高、成本低等优点。被测目标温度和环境温度能通过单通道输出，并有两种输出接口，适用于汽车空调、室内暖气、家用电器、手持设备以及医疗设备等。准确的测温设备需要黑体校准，就是需内置一个绝对准确且绝对恒温的参照物来校准。

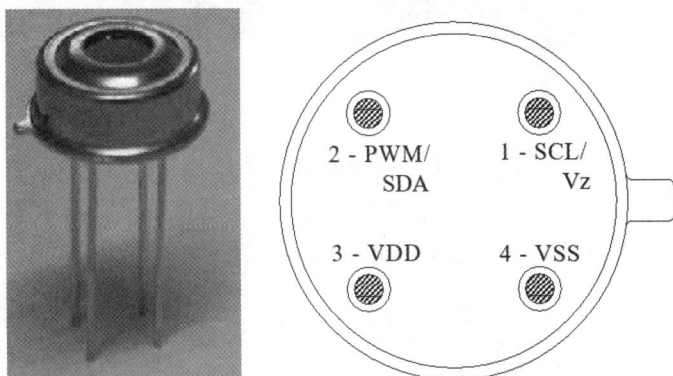

图 8-5　MLX90614 实物及引脚俯视图

2. 自锁按钮模块

　　自锁按钮模块采用按压式设计，带自锁定功能，可以保持按键被按下时的状态，输出简单的数字信号，当按下去时为"1"，弹起时为"0"，可以实现非常有趣的互动。

图 8-6　自锁按钮模块

三、动手实践

（一）主要传感器的编程测试

1. 测试红外测温模块。将红外测温模块接入主控板 I2C 数字接口。注意 Beetle 控制器非常小，注意 SDA 和 SCL 接线位置。在 Mixly 软件中使用串口打印的方式检测红外测温模块输出值。编程方法如下图 8-7 所示。

图 8-7 串口打印震动传感器的输出值

手腕温度小于体内正常温度，测温枪出厂前都要通过黑体做数据的标定，一般采用红外温度计校准黑体测试仪校准（参考拓展阅读）。我们没有这个设备，如何进行校准呢？

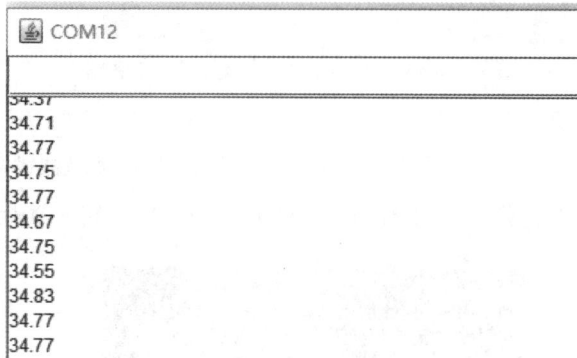

图 8-8 串口打印红外测温传感器的输出值

2. 校准实验。准备三把（或以上）测温枪和本课红外测温模块测同一人体，将测出的数值填入下列表格中，进行数据比对。注意需在同一时间段对同一个人的额头进行温度检测。设定在正常情况下，同一时刻三个测温枪的测量值分别为 T_1、T_2 和 T_3，将 T_1、T_2、T_3 的平均值（设为 $\overline{T}$）作为该同学的体温；将红外测温模块测得的温度设为 $T_红$，用三个测温枪所测得平均值 $\overline{T}$ 减去红外测温模块测得的温度 $T_红$，作为每次测量误差值 $T_误$，即 $T_误 = \overline{T} - T_红$。重复测试 7 次后，算出所有误差值。为了减小实验误差，最后去掉误差值中最大和最小的两个数，求剩下 5 个误差值的平均值 $\overline{T}_误$。将这个平均误差值 $\overline{T}_误$ 作为我们红外模块测得的温度后需加上的校准值。为了减少误差，同学们可以做更多组实验测试，比如对不同同学的手腕或者额头进行测试。

表 8-2 实验测试用表

测试次数 测试项和计算	第一次	第二次	第三次	第四次	第五次	第六次	第七次
额温计 1（T_1）	36.2						
额温计 2（T_2）	36.4						
额温计 3（T_3）	36.5						
T	36.366						
红外测温模块测试（$T_红$）	34.7						
误差值（$T_误$）	1.6466						
平均误差值（$\overline{T}_误$）							

（二）软件流程设计

　　根据任务分析，开始时自锁按钮如果没有按下，就在 OLED 屏幕提示是否准备好测温，显示内容为"ready？"；如果自锁按钮按下，就要执行测温程序，连续多次测温，并通过算法算出最后的值显示在 OLED 上，然后蜂鸣器响起，表示测得一次温度。如果自锁按钮一直是按下的状态，那么它就循环测试和显示。

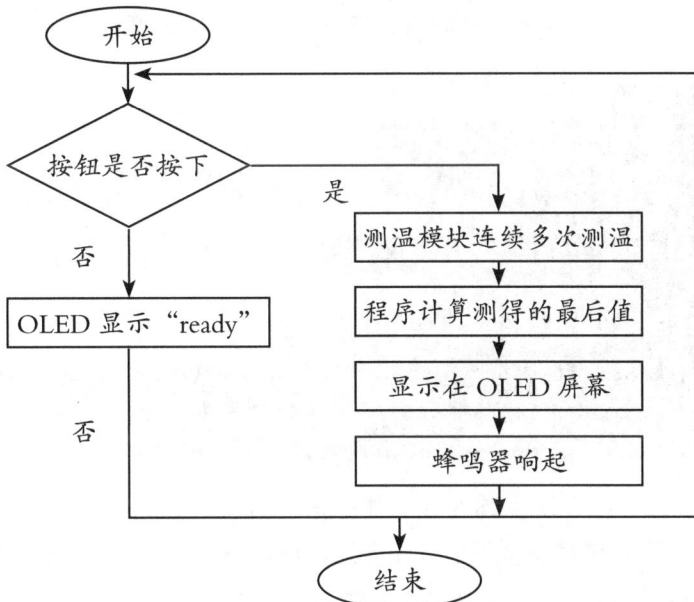

图 8-9 程序设计流程图

（三）连接硬件设备

首先将 Bettle 主控板与它的扩展板连接好，主控器的 SDA 和 SCL 引脚接测温模块对应的引脚（参考引脚俯视图），OLED 屏的 SDA 和 SCL 分别接主控板的 A1 和 A2，自锁按钮模块接主控板 D9，蜂鸣器接 D11。

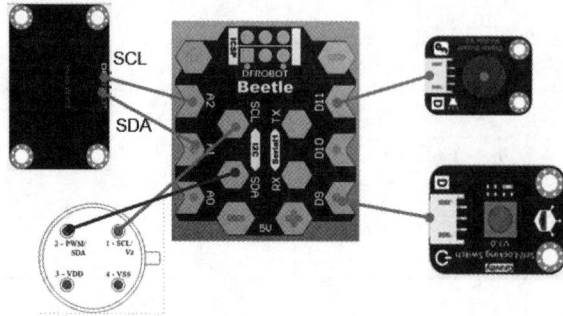

图 8-10 传感器与主控板连接图

（四）编程调试

1. 声明变量 i 作循环程序用；声明变量 max 作为连续测得的温度最大值；声明变量 min 作为连续测得的温度最小值；声明变量 total 作为连续测得的温度总值；声明变量 last 作为平均值（去掉最高和最低后求平均）；初始化 MLX90614 温度传感器和 OLED 屏；初始化 7 个一维数组，用以存放连续 7 次获取的温度值。

图 8-11 Mixly 编程图示

2. 测温时，当自锁模块按下，首先给总温度赋值为 0，隔 300 毫秒把获取的温度值分七次逐步赋值给 mylist 数组的第 1 至第 7 项（如图 8-12 所示）。

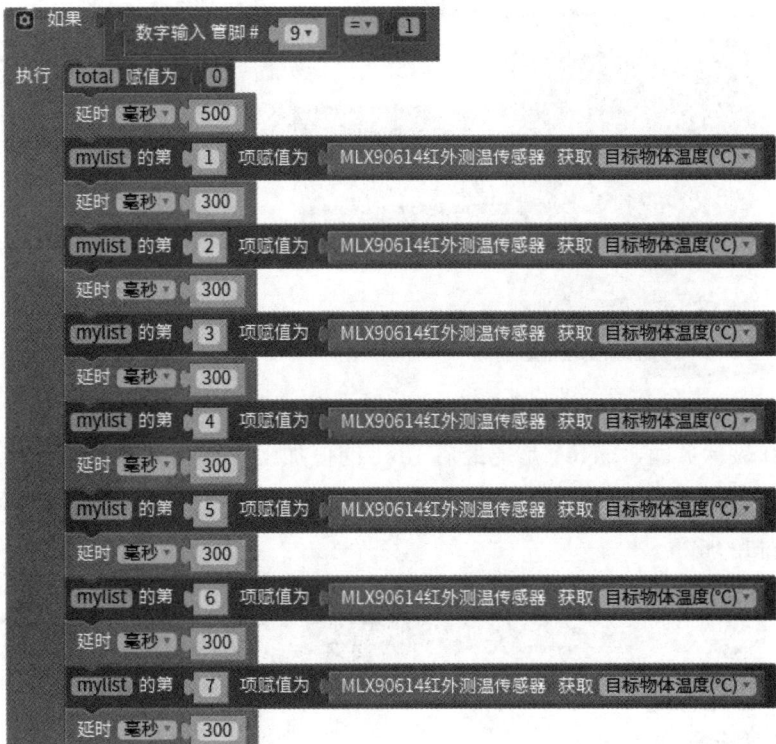

图 8-12 Mixly 编程图示

3. 测温后的温度计算，使用 for 函数，从 i=1 开始，重复执行 7 次，分别对比得出最大值（max）、最小值（min），运算出总温度（total）。最后求得 last 作为平均值，它是总温度（total）减去最大值和最小值后除以 5。

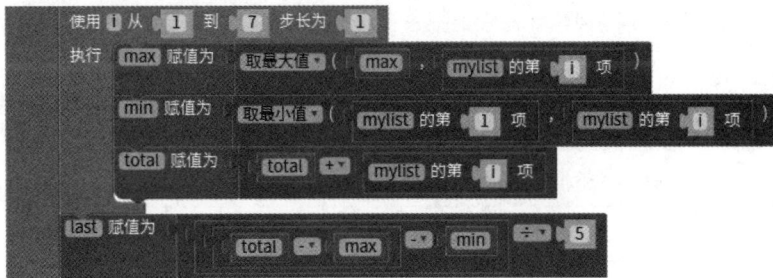

图 8-13 Mixly 编程图示

4. 求出 last 值后，OLED 屏幕显示数值。然后蜂鸣器响 500 毫秒表示已经测得温度并在屏幕上显示了。如果自锁按钮没有按下，则执行的是 OLED 屏的第二页面 page2 函数。

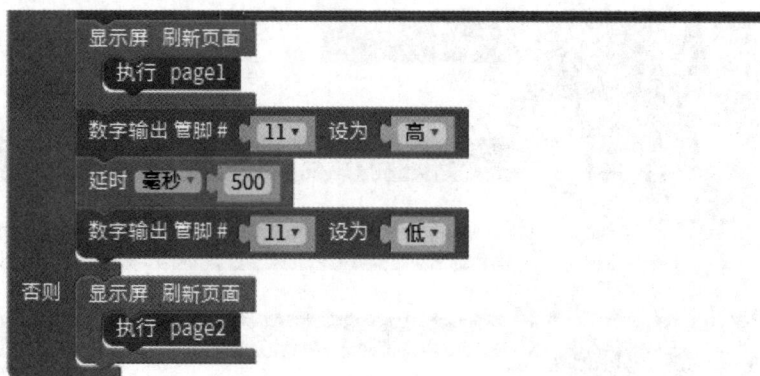

图 8-14 Mixly 编程图示

5.OLED 显示页面，page1 是把最后 last 的值加上前面用几把测温枪校准得到 $T_{误}$ 的总平均值作为校准值，最后得到确定的温度。page2 函数只是提示是否准备好，作为自锁开关弹起的状态。

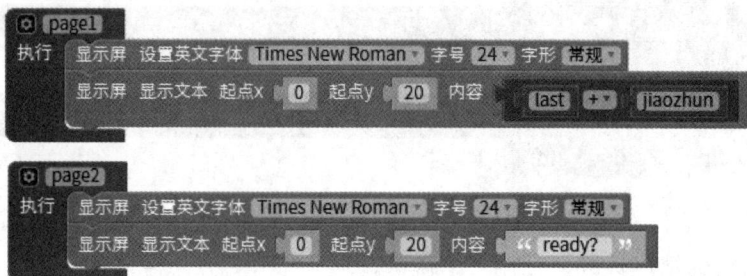

图 8-15 Mixly 编程图示

（五）工程制作

1. 测量传感器尺寸并填写表 8-3。

表 8-3 传感器大致尺寸表

序号	名称	长 × 宽 × 高（cm³）	备注
1	Beetle 控制器加扩展板		
2	MLX90614 AAA 模块		
3	OLED 显示屏		
4	蜂鸣器		

2. 制图和布局。制图是为了适应各个主要硬件固定在所在位置而去制作所需的外观结构图。根据所有硬件的尺寸和放置位置，估算出产品的大概长、宽、高。可以根据上表测量的硬件尺寸值用纸笔画出其大致外观，我们这里是使用 LaserMaker 画图工具绘制各零部件的设计图。制图软件很多，同学们可以根据自身情况，选择合适的制

图方式。

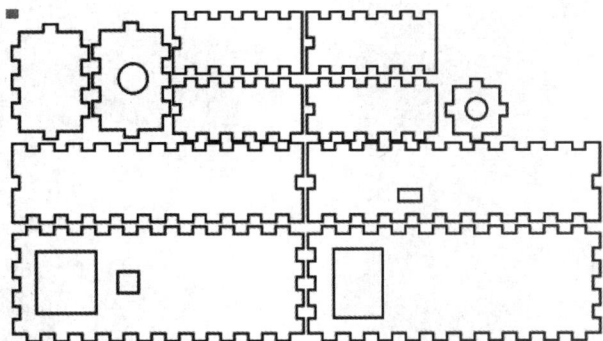

图 8-16　软件制图

3. 选取材料制作外观。

我们这里选取亚克力板或者木板，放在激光切割机中切割成型（需在老师指导下进行，并做好安全防护措施）。同学们可使用废旧瓦楞纸、KT 板等材料制作外观。在使用各种工具时需注意安全，做好用电防护，做好护目、护肤措施。

图 8-17　激光切割成型

4. 拼接成型，适应测试。逐个放入硬件，看尺寸是否合适，若不合适，需要调整激光切割的各个参数，或用其他工具修整外观结构。

5. 固定传感器等硬件，使产品成型。

逐个固定硬件，可以采用上螺丝方式，也可采用热熔胶固定。使用工具需注意安全。通电测试看测温是否正常，是否需要重新测定校准值，按钮按下是否正常测试，OLED 屏幕显示是否正常。若发现问题，逐步排查，看是否是接线问题或者看是否需要更换传感器。

图 8-18　拼接模型成型

图 8-19 最后成品

6. 问题探索与程序调试。

相信同学们在程序编写及工程制作过程中遇到了不少问题，请同学们在表 8-4 中填写调试记录。

表 8-4 调试记录表

问题探索与调试项目	问题分析或解决过程
1. 把 For 循环计算最小值的过程用图表示出来	
2. 尝试找出一种可行的方案来校准测温模块，使作品测得的温度误差更小	
3. MLX90614 测温模块还可以检测周围环境的温度，选择其他的相关温度传感器做个对比实验	

同学们，可能我们制作的测温枪测得的温度和真实值存在一定的误差，没有关系，我们允许有很多答案，鼓励大家尽可能去尝试。我们要做的是把误差尽可能地减小。这节课我们已经了解了测温枪的知识，学习了 MLX90614 测温模块的应用，并在一定程度上了解到产品出厂的校准过程。MLX90614 测温模块除了可以检测周围环境的温度，还可以制作些什么呢？

扫码下载学生工作纸，提取码 ssck

四、拓展阅读

红外线测温仪为什么用黑体进行标定？

黑体是一种理想化的辐射体，它吸收所有波长的辐射能量，没有能量的反射和透过，其表面的发射率为 1。应该指出，自然界中并不存在真正的黑体，但是为了弄清和获得红外辐射分布规律，在理论研究中必须选择合适的模型，这就是普朗克提出的体腔辐射的量子化振子模型，从而导出了普朗克黑体辐射定律，即以波长表示黑体光谱辐射度，这是一切红外辐射理论的出发点，故称黑体辐射定律。

物体发射率对辐射测温的影响：自然界中存在的实际物体，几乎都不是黑体。所有实际物体的辐射量除依赖于辐射波长及物体的温度之外，还与构成物体的材料种类、制备方法、热过程以及表面状态和环境条件等因素有关。因此，为使黑体辐射定律适用于所有实际物体，必须引入一个与材料性质及表面状态有关的比例系数，即发射率。该系数表示实际物体的热辐射与黑体辐射的接近程度，其值在 0 到 1 之间。根据辐射定律，只要知道了材料的发射率，就知道了任何物体的红外辐射特性。

影响发射率的主要因素：材料种类、表面粗糙度、理化结构和材料厚度等。

当用红外辐射测温仪测量目标物体的温度时，首先要测量出目标物体在其波段范围内的红外辐射量，然后由红外线测温仪计算出被测目标物体的温度。单色红外线测温仪测量数据与波段内的辐射量成比例；双色红外线测温仪测量数据与两个波段的辐射量之比成比例。（内容来源：环球网综合）

第9课　噪音监测仪

一、观察与思考

我们生活的环境中，存在着各种各样的声音，其中一部分是噪音。随着城市的发展，安静的环境越来越少，取而代之的是越来越多的噪音。人体如果长时间处于噪音中，会对听觉产生影响，不利于健康。美国言语听力协会指出：长期在50分贝的噪音环境中，容易导致心血管疾病；55分贝会对儿童学习产生负面影响；60分贝，让人从睡梦中惊醒；70分贝，心肌梗死的发病率增加30%左右；超过110分贝，可能导致永久性听力损伤。

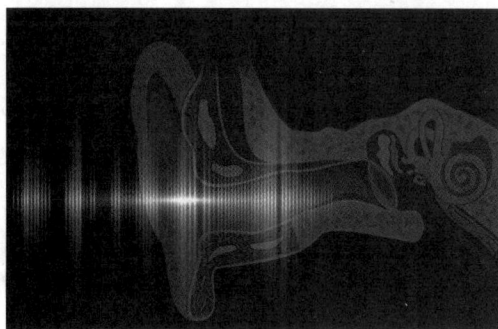

图9-1　声音与人耳

分贝数	实际效果
1～15	寂静
15～20	安静
20～40	耳边的喃喃细语
40～60	正常交谈
60～70	吵闹
70～90	很吵，开始损害听力

图9-2　人耳听觉感受差异

> **任务：**
>
> 　　利用现有器材制作一个噪音监测仪，对生活环境中的声音进行采集并通过物联网发送到手机，在手机上实时显示和监测。

二、项目筹备

（一）组建团队

请组建你的团队，并对组内成员进行分工。

（二）准备器材

本项目需要的传感器和其他器材如表9-1所示。

表 9-1 器材需求表

序号	名称	数量	备注
1	木板、亚克力板	若干	噪音监测仪外观
2	激光切割机	1 台	切割木板、亚克力板
3	热熔胶枪	1 把	粘贴作品及传感器等零件
4	ESP8266 主控板	1 块	编程主板
5	分贝计	1 个	检测环境声音分贝值
6	红色 LED 灯	1 个	
7	黄色 LED 灯	1 个	音量指示灯
8	绿色 LED 灯	1 个	
9	杜邦线	若干	传感器与主控板连接线

（三）知识储备

1. ESP8266 主控板

ESP8266 主控板板载 WiFi 模块，是一款以 ESP8266-12F 为核心的物联网开发板，采用 ESP8266-12F 为主控，使用稳定性较高的 CH340USB 串口转换芯片，板载 3.3 V/800 mA 电源稳压芯片，默认带有 7 个 GPIO 端口（数字接口），2 路 4P 端口（分别扩展 I2C 和 UART），以及 1 路 ADC 端口（模拟接口）。采用 ESP8266 开发板，可以结合 Blynk、OneNet、阿里云等服务器快速开发物联网作品。

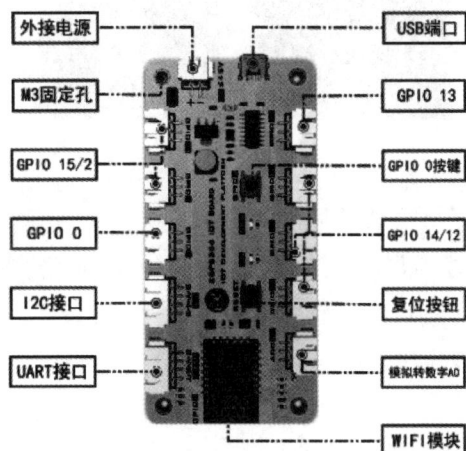

图 9-3 ESP8266 主控板

2. 搭建物联网作品开发环境

本书均采用 Blynk 作为物联网服务器，在开发物联网作品之前需要通过以下步骤完成开发环境搭建。

（1）下载 Blynk 手机 APP，其中 Android 手机通过扫描图 9-4 所示二维码下载 APP，苹果手机通过 App Store 搜索下载。

图 9-4 安卓手机扫描 Blynk APP 二维码下载　图 9-5 IOS 用户在 App Store 中搜索下载

（2）注册 Blynk 账号。

通过"点击 Create new Account 创建新帐号→输入邮箱和密码→点击 Sign Up"完成帐号注册。

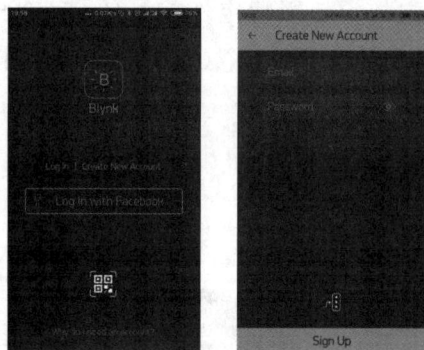

图 9-6 注册 Blynk 帐号

3. 使用 Blynk 平台实现开发物联网应用的思路

在 Blynk 平台上创建项目时会生成项目授权码，在编写作品应用程序时使用该授权码与项目实现链接，作品程序编写完成后加载到编程主控板。之后，硬件便通过 WiFi 与 Blynk 服务器实现通信，这便完成了物联网应用的开发。

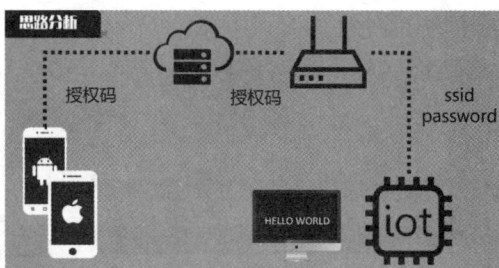

图 9-7　使用 Blynk 开发物联网应用的思路

4. 分贝计

分贝计能够通过模拟人耳对声波反应速度的时间特性来测量周围环境声音的大小，用分贝值的大小表示声音大小的程度。在使用时，要通过如图 9-9 所示计算过程将分贝计读取值转换成分贝值，其中 sound 代表分贝计的读数，DB 代表换算过来的声音分贝值，公式中的 VREF 代表输入电压值，其中 ESP8266 主控板的输入电压为 3.3 V。

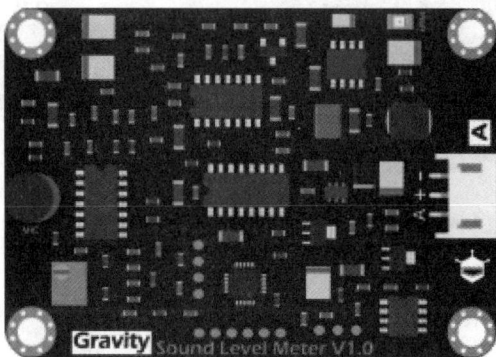

图 9-8　模拟分贝计

图 9-9　将分贝计读数转换成声音分贝值的计算公式

三、动手实践

（一）主要传感器的编程测试

测试分贝计：将分贝计接入 ESP8266 主控板 ADC0 接口（即模拟接口）。在 Mixly 软件中首先需要选择 Arduino ESP8266 开发板，如图 9-10 所示。然后使用串口打印的方式检测模拟分贝计在不同声音环境下的输出值，测试分贝计所测环境声音的分贝值，可以通过拍手掌方式改变环境音量，观察传感器输出值是否变化正常。编程方法如下图 9-11 所示。

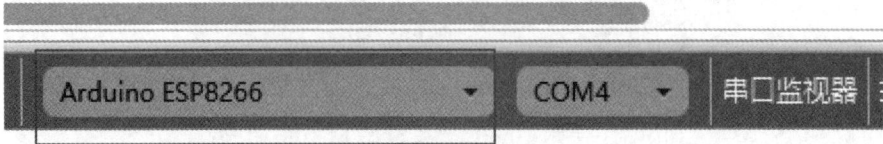

图 9-10 编程之前选择 ESP8266 开发板

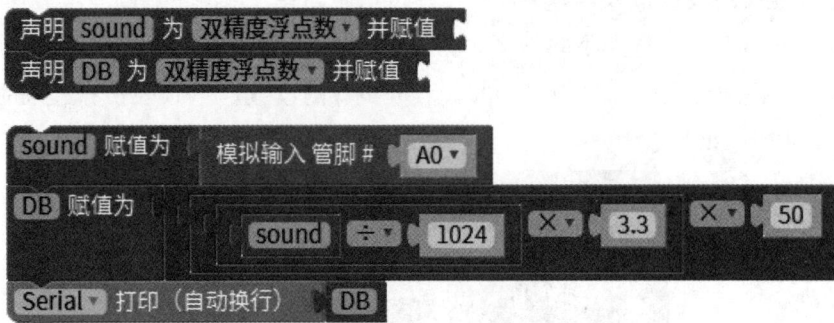

图 9-11 串口打印环境声音分贝值

（二） 软件流程设计

根据任务分析，噪音监测仪的主要功能是通过分贝计实时读取环境的音量并转换为声音分贝值，并将声音分贝值通过 WiFi 发送到 Blynk 服务器上，在服务器上形成声音分贝值变化曲线。同时，当声音超过 70 分贝时，亮红灯警告；当声音超过 60 分贝未超过 70 分贝时，亮黄灯警告；当声音低于 60 分贝时，亮绿灯表示环境音量较良好。

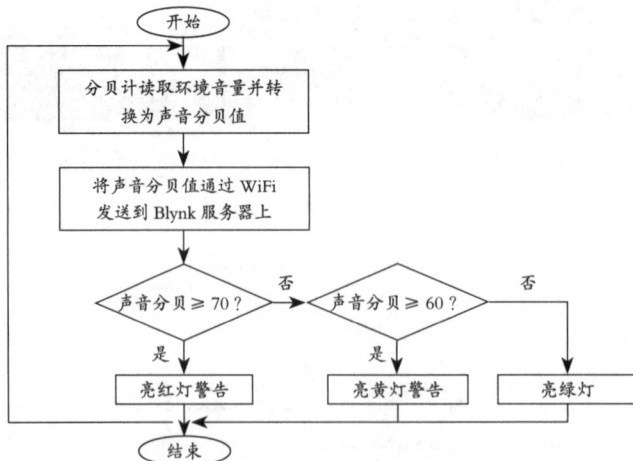

图 9-12 程序设计流程图

（二）连接硬件设备

首先将分贝计与 ADC0 接口相连接：分别将绿色、黄色、红色 LED 灯接在 GPIO0、GPIO2 及 GPIO15 号数字接口上（也可连接其他数字接口，根据实际情况设定）。

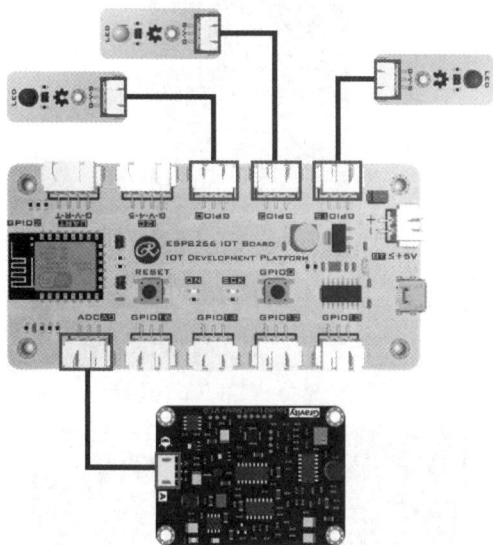

图 9-13　传感器与主控板连接图

（三）编程调试

1. 编写主控板上 Mixly 程序之前，先完成 Blynk APP 的项目设置，请同学们根据以下步骤完成 Blynk 端的项目设置。

（1）打开 Blynk APP，新建一个新项目，项目名称命名为"噪音监测仪"，开发板选择"ESP8266"，通信方式选择"WiFi"。

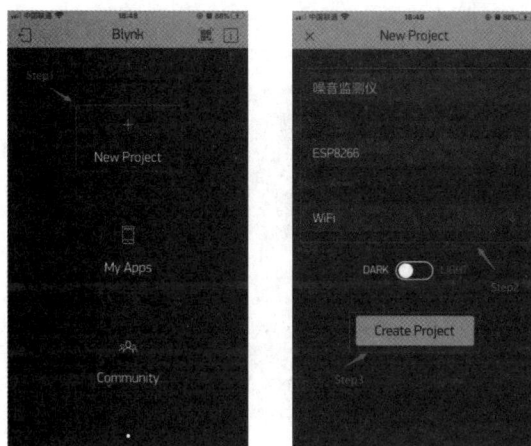

图 9-14　在 Blynk 中新建项目

（2）在项目中添加如图 9-15 所示三种组件。

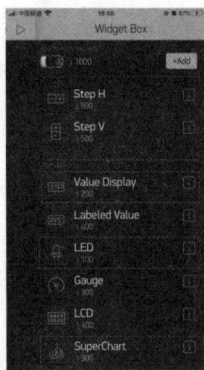

图 9-15 在 Blynk 项目中添加组件

（3）"Value Display"组件设置：点击添加的"Value Display"组件进入设置界面，修改名称为"声音分贝值"，选择"V0"虚拟管脚。如下图 9-16 所示步骤。

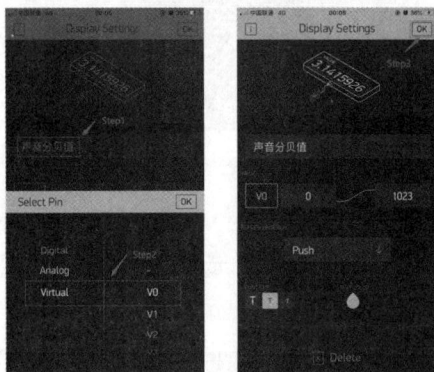

图 9-16 设置"Value Display"组件

（4）设置"LED"组件：点击添加的"LED"组件进入设置界面，选择"V1"虚拟管脚，如图 9-17 所示。

图 9-17 设置"LED"组件

（5）设置"SuperChart"组件：点击添加的"SuperChart"组件进入设置界面，修改"DateStream"名称为"声音分贝值变化"，然后点击右边设置按钮继续设置，选择"V0"作为图表变化的值，底部坐标值选择"SHOW"，具体设置步骤如图 9-18 所示。

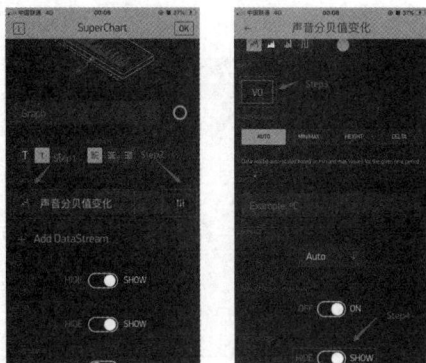

图 9-18　设置"SuperChart"组件

（6）调整各组件大小及位置，使项目界面显得更加清晰美观，复制项目授权码备用。

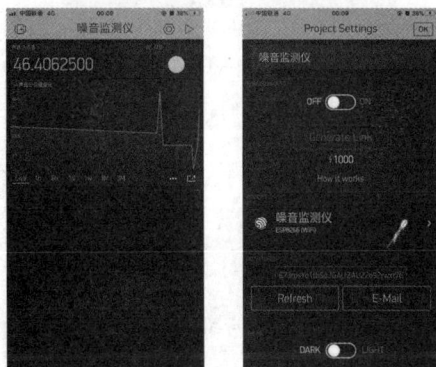

图 9-19　"噪音监测仪"Blynk 界面及授权码

2. 完成主控板 Mixly 程序编写。

（1）声明变量 sound 存储分贝计读取的环境音量读数，声明变量 DB 用来存储转换成的声音分贝值，初始化 Blynk 服务器的地址为"blynk-cloud.com"，WiFi 名称和密码为当前主控板所连接 WiFi 的名称和密码（根据主控板能连接到的 WiFi 进行设置），将前面所建 Blynk 项目的授权码填写到 Blynk 授权码中。

图 9-20　Mixly 编程图示

（2）判断声音分贝值，如果超过 70 分贝，亮红灯，灭黄灯、绿灯；如果超过 60 分贝未超过 70 分贝，亮黄灯，灭绿灯、红灯；如果低于 60 分贝，亮绿灯，灭红灯、黄灯。

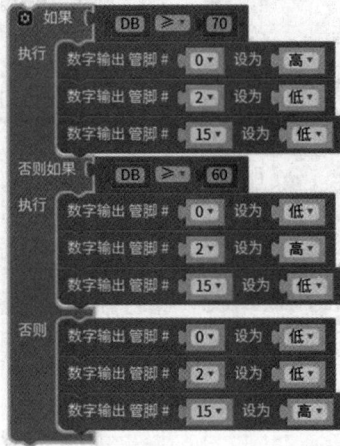

图 9-21 Mixly 编程图示

（3）将声音分贝值实时通过 WiFi 发送到 Blynk 服务器中，在手机上也实现 LED 灯示警效果。

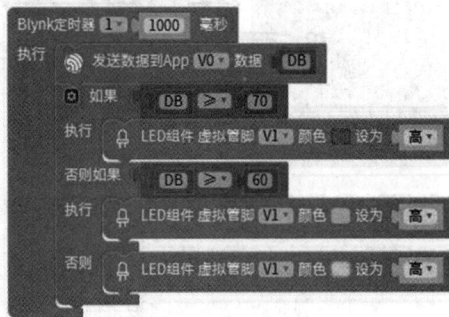

图 9-22 Mixly 编程图示

（四）工程制作

1. 测量传感器尺寸并填写表 9-2。

表 9-2 传感器大致尺寸表

序号	名称	长×宽×高（cm³）	备注
1	ESP8266 主控板		
2	分贝计		
3	LED 灯模块		红、黄、绿各 1 个
4	电池盒套件		

2. 制图和布局。制图是为了适应各个主要硬件固定在所在位置而去制作所需的外观结构图。根据所有硬件的尺寸和放置位置，估算出产品的大概长、宽、高。可以根据上表测量的硬件尺寸值用纸笔画出其大致外观，我们这里使用一款激光切割机连接的画图工具制作，制图软件很多，同学们可以根据自身情况，选择合适的制图方式。

首先，打开 LaserMaker 软件，点击快速造盒工具，根据估算的尺寸填入长、宽、高，生成六个面的预览图。

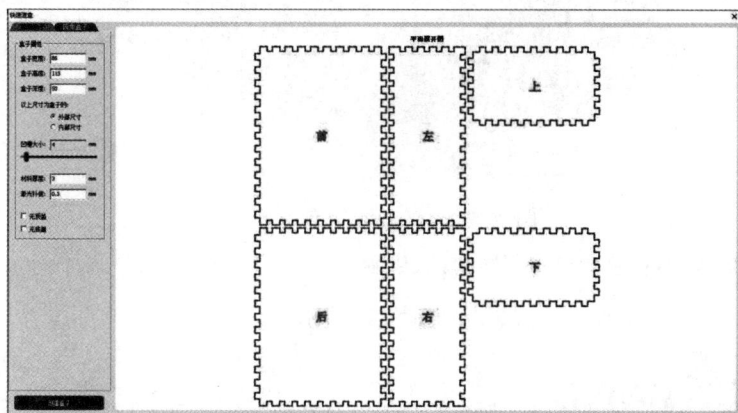

图 9-23　软件制图

第二步，根据传感器大小把要外露的硬件所在的位置镂空，如下图 9-24 所示。

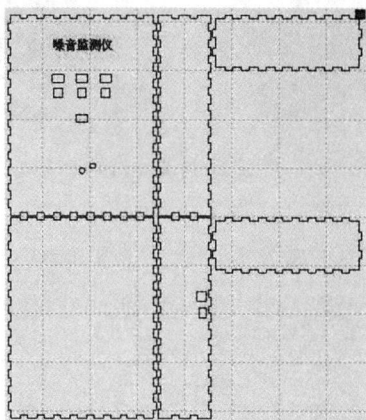

图 9-24　软件制图"镂空"

3. 选取材料制作外观。

我们这里选取亚克力板或者木板，放在激光切割机中切割成型（需在老师指导下进行，并做好安全防护措施）。同学们可使用废旧瓦楞纸、KT 板等材料制作外观。在使用各种工具时需注意安全，做好用电防护，做好护目、护肤措施。

图 9-25 激光切割外观部件

4. 拼接成型，适应测试。逐个放入硬件，看尺寸是否合适，若不合适，需要调整激光切割的各个参数，或用其他工具修整外观结构。

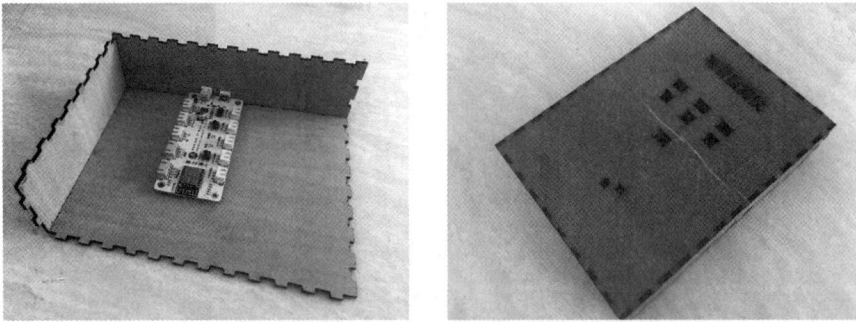

图 9-26 声音分贝监测仪拼接成型

5. 固定传感器等硬件，使产品成型。

逐个固定硬件，可以采用上螺丝方式，也可采用热熔胶固定，需特别注意分贝计上的麦克风模块比较敏感，要做好防护，避免失灵。同时注意安装的各部件要方便拆卸，使用工具时需注意安全。

图 9-27 固定各个传感器等硬件

6. 通电测试噪音监测仪。可以通过拍掌等方式改变环境音量,观察手机 Blynk APP 端声音分贝值的变化,同时观察 LED 灯是否跟随变化,若出现问题,逐步排查。

图 9-28 通电测试

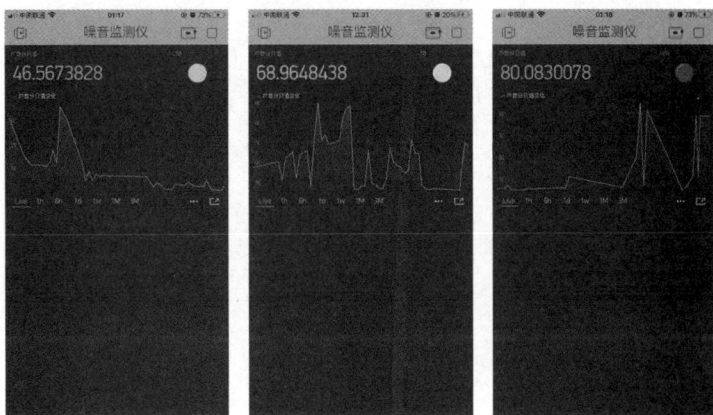

图 9-29 手机 Blynk APP 监测情况

7. 问题探索与程序调试。

相信同学们在程序编写及工程制作过程中遇到了不少问题,请同学们在表 9-3 中填写调试记录。

表 9-3 调试记录表

问题探索与调试项目	问题分析和解决步骤
1. 测试分贝计在安静环境、正常交谈的办公室、噪声较大的马路上的监测值,与实际情况进行比较	
2. 当 ESP8266 主控板所处 WiFi 网络发生变化时,是否需要重新编写和上传程序?	
3. 装有 Blynk APP 的手机与 ESP8266 主控板是否需要连接同一个网络才能进行通信?	

  同学们，我们已经掌握了 ESP8266 主控板、分贝计的基本使用原理和使用方法，同时我们还掌握了利用 Blynk 服务器搭建物联网环境，制作了第一个物联网作品"噪音监测仪"。请同学们再思考一下，我们还可以用哪些传感器或技术对作品的功能进行优化？（如增加语音报警功能，或者增加温湿度等传感器将其做成环境检测仪……）

扫码下载学生工作纸，提取码 ssck

第 10 课　物联音响

一、观察与思考

近几年，全球正在悄悄燃起一场智能化的革命，可以说是人类史上自蒸汽机、电气化、信息化之后的第四次科技革命，人类生活正从信息时代迈向智能时代。如今的智能化已经深入到了社会生活衣食住行的各个领域，智能化的新模式不断涌现出来，人类已经迎来了"智生活"的时代！智能家居已经开始走进人们的生活，而智能家居中核心的智能家电将是实现智能家居的关键因素。在智能家居中普遍实现的功能是对灯光、声音、家电等进行智能控制，而灯光、声音、家电的控制信号的收集以及控制指令的发出需要通过某一智能家电进行。

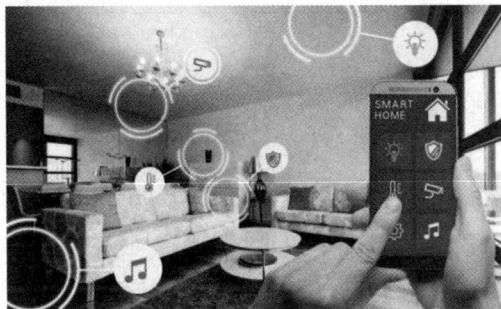

图 10-1 智能控制家电

图 10-2 智能音响

> **任务：**
> 　　同学们，我们已进入物联时代，能否设计制作一个可以联网的音响，能够远程控制音乐播放，还可以有留言功能或设定起床时间同时播放音乐功能？

二、项目筹备

（一）组建团队

请组建你的团队，并对组内成员进行分工。

（二）准备器材

本项目需要的传感器和其他器材如表 10-1 所示。

表 10-1 器材需求表

序号	名称	数量	用途
1	MP3 音乐播放模块	1～2个	播放音乐
2	OLED 显示屏	1个	显示时间等信息
3	木板、亚克力板	若干	作外壳
4	美工刀等工具	若干	切割材料
5	热熔胶枪	1把	粘贴零件与材料
6	ESP8266 物联网开发板	1块	
7	杜邦线	若干	连接电路
8	按钮	1个	
9	U 盘	1个	存放 MP3 音乐

（三）传感器相关知识介绍

本课 MP3 模块（U 盘 +SD 卡模式）采用以 N9101 为核心的 MP3 音乐播放模块，完美集成了 MP3、WMV 的硬解码，板载扬声器功放，可以直接播放音乐，同时附带 3.5 mm 音频头连接音箱扩音，通过简单的 UART 串口指令或一线串口指令即可完成播放指定的音乐以及如何控制等功能，无需繁琐的底层操作，使用方便稳定。另一种常用的 MP3 模块是采用 GD800 为核心的播放模块，Mixly 新版软件已经对 GD5800 MP3 模块开发了非常多的图形化功能。

图 10-3 MP3 模块

MP3 是一种音频压缩技术，其全称是动态影像专家压缩标准音频层面 3（Moving

Picture Experts Group Audio Layer III），简称 MP3。它被设计用来大幅度地降低音频数据量。利用 MPEG Audio Layer 3 技术，将音乐以 1∶10 甚至 1∶12 的压缩率，压缩成容量较小的文件，而对于大多数用户来说，播放的音质与最初的不压缩音频相比没有明显的下降。它是在 1991 年由位于德国埃尔朗根的研究组织 Fraunhofer-Gesellschaft 的一组工程师发明和标准化的。用 MP3 形式存储的音乐就叫作 MP3 音乐，能播放 MP3 音乐的机器就叫作 MP3 播放器。

三、动手实践

（一）主要硬件的编程测试

MP3 模块。把 MP3 模块接入 ESP8266 物联网开发板的 12 口。将自锁按钮模块接入开发板的 4 口。准备好 U 盘，存入 MP3 歌曲（注意 U 盘格式必须为 FAT 格式）。我们就用按钮控制 MP3 模块的播放和暂停。如图 10-4 所示，如果自锁按钮被按下就播放音乐，这里设置的是播放 60 秒音乐。如果自锁按钮弹起则暂停播放音乐。

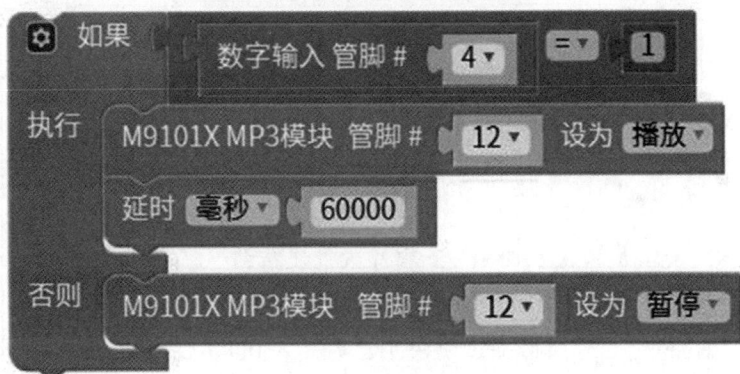

图 10-4 Mixly 编程

注意：播放音乐时会出现"哒哒哒"的声音。解决办法：一是对应管脚都接上按键模块；二是在程序中删去未接管脚的对应语句，重新上传即可。

（二）软件流程设计

Blynk APP 中需增加音乐播放控件"Music Player"和控制音量大小的滑动条控件"Slier"。我们用这两个控件来发送指令远程控制 MP3 模块，如发送字符串"play"，ESP8266 主控联网接收到此字符串就控制 MP3 模块播放音乐；发送字符串"stop"，MP3 模块就暂停播放；发送字符串"next"，MP3 模块就播放下一曲；发送字符串"prev"，MP3 模块就播放上一曲。接收到语音控制大小信号，就设置 MP3 的语音播放大小。Blynk APP 中增加"text input"组件用来在 OLED 屏显示留言信息，增加"Real-time clock"实时时钟组件用来更新校准 OLED 屏的时间显示。

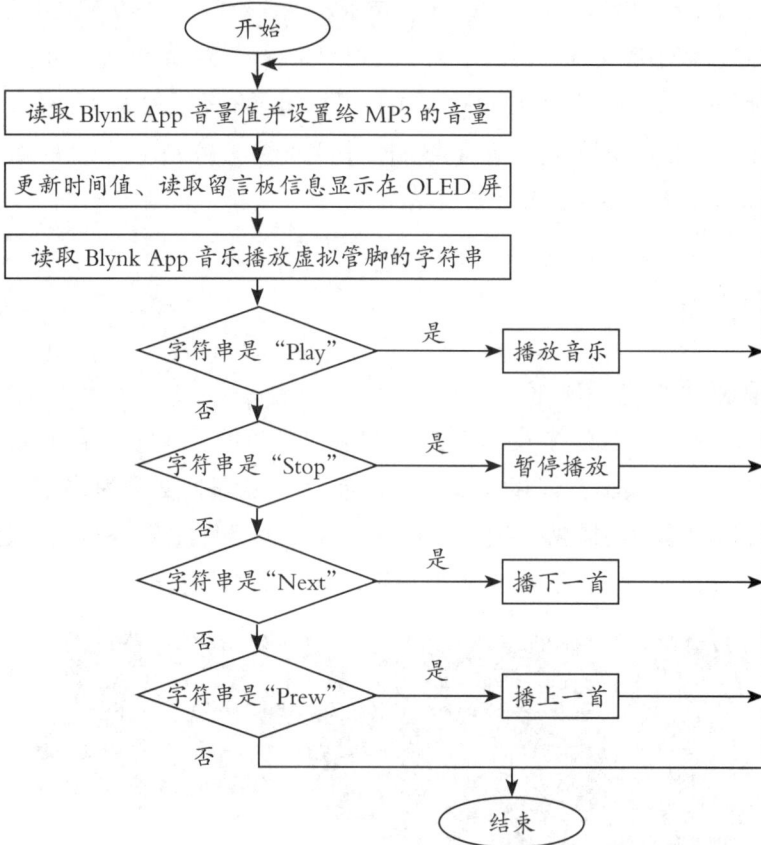

图 10-5 程序设计流程图

（三） 连接硬件设备

ESP8266 主控器 15 号口接 MP3 模块；若需接入 OLED 显示屏，请注意显示屏引脚和主控器 I2C 引脚的对应连接。如下图所示。

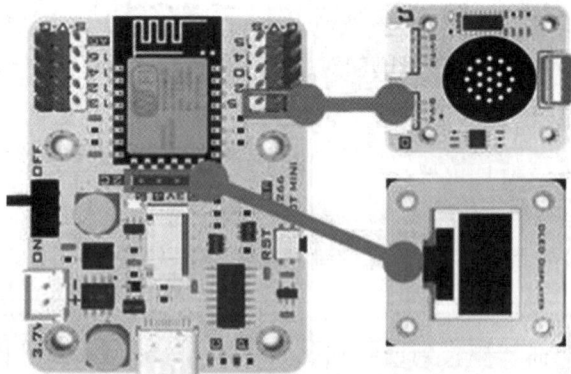

图 10-6 主要硬件连接图

（四）程序编写与测试

1. Blynk APP 设置。

新建一个项目，选择"ESP8266"硬件，记录好授权码。添加音乐播放控件"Music Player"，添加控制音量大小的滑动条控件"Slier"，添加实时时间控件"Real-time clock"，增加"text input"文本输入组件。设置音乐控件输出虚拟管脚为"V3"；音量控制滑动条输出虚拟管脚为"V4"，还需根据MP3模块的音量大小设置其最小值为0，最大值为30。文本输入组件作为留言板功能把字符串信息传输给OLED屏显示，设置虚拟管脚为"V0"，实时时间控件用来实时网络校准时钟，显示在OLED屏幕上。

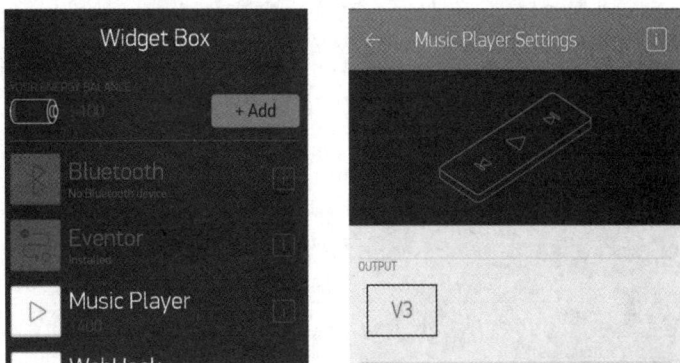

图 10-7　音乐控件设置

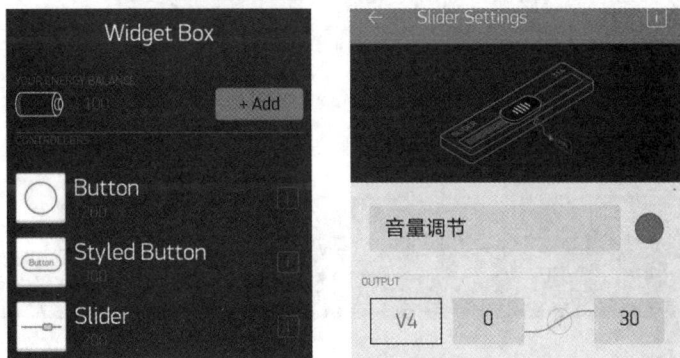

图 10-8　滑动条控件设置

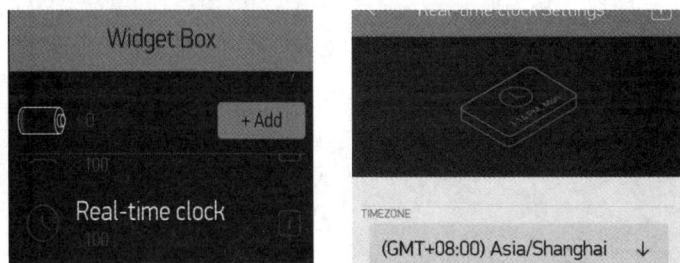

图 10-9　实时时间控件设置

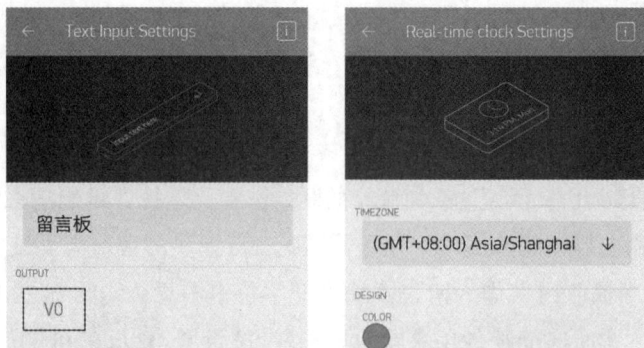

图 10-10 文本输入组件和实时时钟组件设置

2. 联网设置。接入 Blynk 云端，设置连接的 WiFi 网络的名称和密码，填写 Blynk 授权码。注意填写正确的服务器地址。初始化 RTC 同步时间组件。

图 10-11 Mixly 编程图示

3. 音量设置。从 APP 中获取虚拟管脚 V4 的值，并设置给 MP3 模块的音量值。

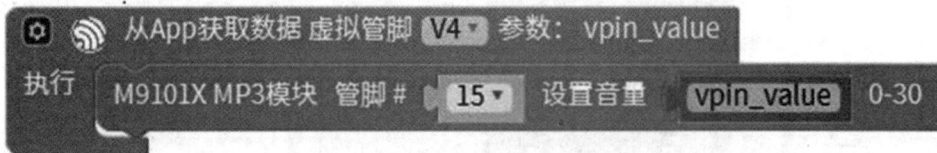

图 10-12 Mixly 编程图示

4. 设置音乐播放。从 APP 获取虚拟管脚 V3 的字符串，这里 APP 中音乐控件 V3 的字符串有 4 个，分别是 "play" "stop" "next" "prev"。我们声明一个变量 "action" 用来比对从 APP 云端过来的字符串。

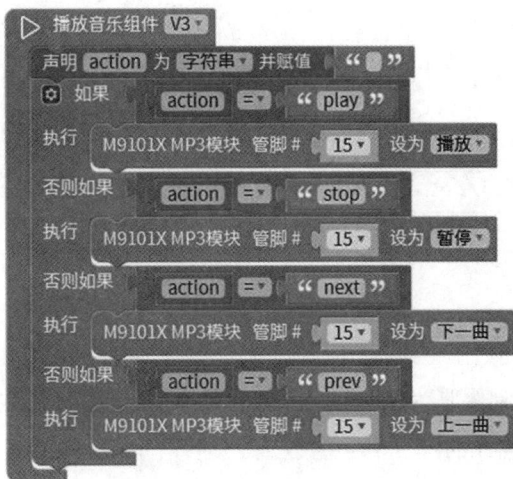

图 10-13　Mixly 编程图示

5. 设置留言板信息。从 APP 中获取虚拟管脚 V0 的值，V0 的值是字符串信息，注意需对程序的参数设置为字符串，默认是整数。

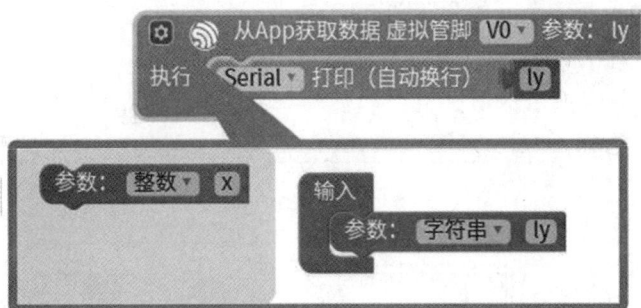

10-14　Mixly 编程图示

6. OLED 显示部分初始化 OLED 显示屏，并显示 page1 函数（注意 SCL 和 SDA 接口），page1 函数分两行用中文字体显示 RTC 组件获取的具体时间，注意显示屏的 X、Y 起点的设置。第三行显示留言板信息。

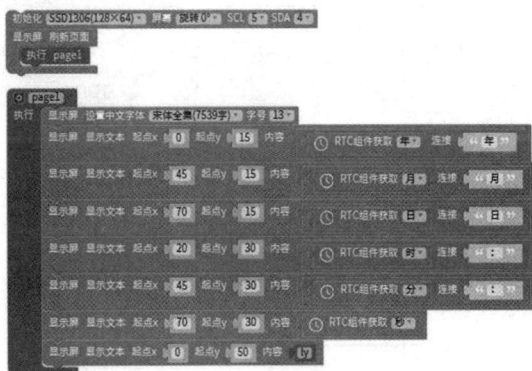

图 10-15　Mixly 编程图示

（五）工程制作

1. 测量传感器尺寸，并填写下列表格。

表 10-2 传感器大致尺寸表

序号	名称	长×宽×高（cm³），直径（cm）	是否需要外露等要求
1	MP3 音乐播放模块		
2	OLED 显示屏		
3	ESP8266 物联网开发板		

2. 制图和布局。制图是为了适应各个主要硬件固定在所在位置而去制作所需的外观结构图。根据所有硬件的尺寸和放置位置，估算出产品的大概长、宽、高。可以根据上表测量的硬件尺寸值用纸笔画出其大致外观，我们这里是使用一款激光切割机连接的画图工具制作。制图软件很多，同学们可以根据自身情况，选择合适的制图方式。

首先，打开 LaserMaker 软件，点击快速造盒工具，选择圆角盒子根据估算的尺寸填入长、宽、高，生成六个面的预览图。

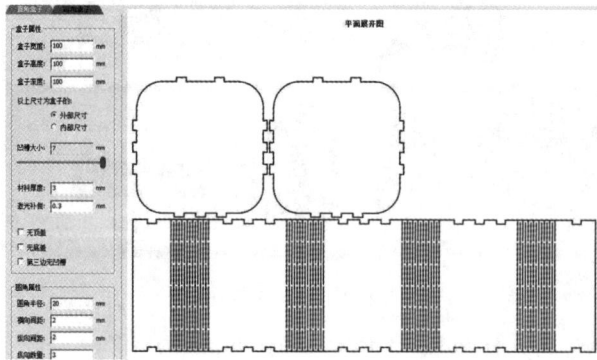

图 10-16 软件制图

第二步，把要外露出的硬件所在的位置镂空，增加一些美观装饰花纹。如图所示。

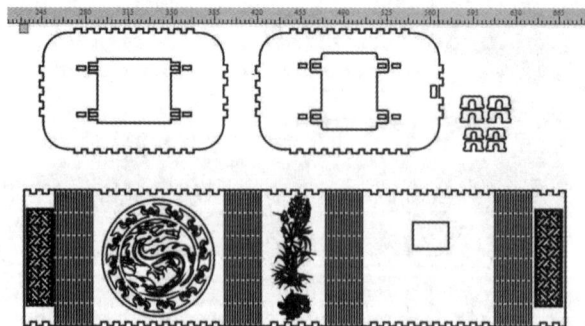

图 10-17 软件制图"镂空"

3. 选取材料制作外观。

我们这里选取亚克力板或者木板，放在激光切割机中切割成型（需在老师指导下进行，并做好安全防护措施）。同学们可使用废旧瓦楞纸、KT 板等材料制作外观。在使用各种工具时需注意安全，做好用电防护，做好护目、护肤措施。

4. 拼接成型，适应测试。

逐个放入硬件，看尺寸是否合适，若不合适，需要调整激光切割的各个参数，或用其他工具修整外观结构。

图 10-18　拼接成型

5. 固定硬件，使产品成型。

逐个固定硬件，可以采用上螺丝方式，也可采用热熔胶固定，方便拆卸即可。使用工具时需注意安全。

图 10-19　固定硬件

6. 通电测试。看 Blynk APP 连网是否正常，控制播放歌曲是否正常，调节音量是否正常，时钟是否自动更新，留言板输入内容是否能在 OLED 屏幕正常显示。如图所示。若发现有问题，需逐步排查。

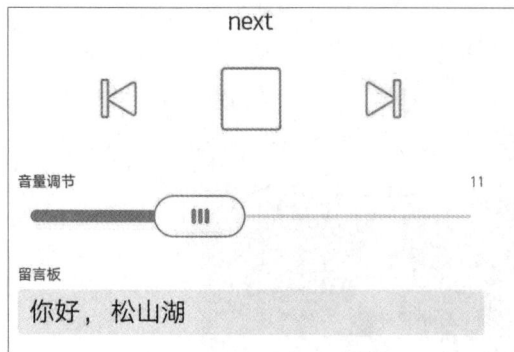

图 10-20 Blynk APP 端

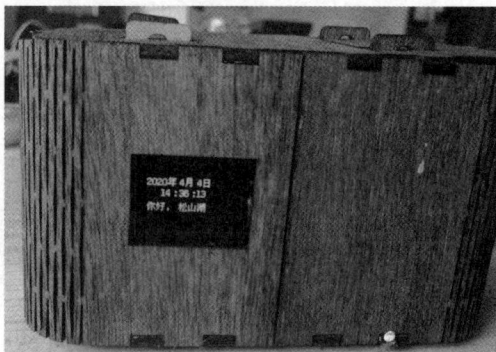

图 10-21 通电测试

7. 问题探索与程序调试。

相信同学们在程序编写和工程制作中遇到了不少问题，请在表 10-3 中填写调试记录。

表 10-3 调试记录表

问题探索或调试项目	问题分析和解决步骤
1. 在 Blynk APP 端设置闹钟时间，到点即远程控制主控器播放音乐	
2. 添加声音、温湿度、气体传感器扩展物联音响的功能，应如何实现？	
3. 如何把 MP3 模块正在播放的音乐歌曲名显示在 OLED 屏幕？	

同学们，我们已经掌握了 Blynk 物联网的基本知识，在这一节课我们学会了制作一个测试环境质量的检测仪，我们还能对这个作品添加哪些远程控制功能呢？

扫码下载学生工作纸，提取码 ssck

四、阅读拓展

"AI 网课"登陆天猫精灵

　　近期阿里巴巴联合人民教育出版社（简称"人教社"）共同推出了新型"网课"。这套"数字课堂"学习系统基于人教版小学 1～6 年级的正版教材开发了多媒体教学资源，学生可以跟着AI进行课文朗读、作业辅导。该系统在智能音箱天猫精灵独家上线，即日起只需要对机器说出"打开数字课堂"的指令，就可免费使用。

　　人教社数字公司营销总监张雷表示，广大学生和家长对正版教材及配套数字教育资源的需求极为旺盛，但市场上与教材相关的盗版数字内容横行，其品质堪忧，学生最佳学习时间一旦错过就不可逆。"面对在线学习的新考验，学生需要更加适合的新体验。用最新的交互技术来满足学生的学习需要，智能语音、触屏融合的人机交互方式，更容易被学生所喜爱并接受，进而产生效果。同时，阿里平台对消费者有很大号召力，把我们内容的优势与平台的创新能力相结合，相信会催化出许多从未有过的创新教育产品！"

　　《中国城市儿童阅读调查报告》显示，中国有 74.8% 的孩子从 2 岁前便开始阅读，其中，喜欢数字化阅读和有声读物的孩子占 65.7%。智能音箱的 AI 聊天功能、儿童有声故事，天然受到小朋友的喜爱，天猫精灵仅儿童用户就超过了千万人。就读二年级的学生家长王女士表示，虽然小学阶段每节课时长只有 20 分钟，但居家学习没有课堂氛围，一碰到不感兴趣的内容，儿子就很容易跑神，自己必须边工作边"盯娃"，还要操控 iPad、电脑等设备，在家跟孩子"斗智斗勇"。

　　天猫精灵教育内容运营负责人倪霞介绍道，在此前的一次用户调研中，许多家长也对网课的教育质量表示担忧："不愿意写作业，用上网课的手机、iPad 偷偷玩游戏、看动画片……我们也希望这款寓教于乐的产品，能够帮助孩子们解决在家上课的问题。"据介绍，除了与人教社合作外，天猫精灵还与上海市教委合作推出了"智慧课堂"，在智能音箱上实时同步上海"空中课堂"直播，同时联动多家在线教育机构上线覆盖K12 全阶段的免费远程教育内容，支持亲子互动、名师直播、课程点播等多种形式。（内容来源：环球网综合）

第三章　提高篇

　　在我们的学习生活中也许会遇到很多棘手的问题，在解决问题时我们不应拘泥于传统的思维方式，要善于思考、大胆创新，也许经过创新会有奇迹出现，而每一个奇迹都掌握在我们手中。创新创造作品的过程也是科学、数学、技术等学科的学习过程，并在学习过程中整合运用各学科知识和技能。

　　本章为学生们提供了综合的学习项目，我们需善于发现、勇于创新、踏实、勤思、善做，在解决问题的过程中，提升我们的动手和创新能力。

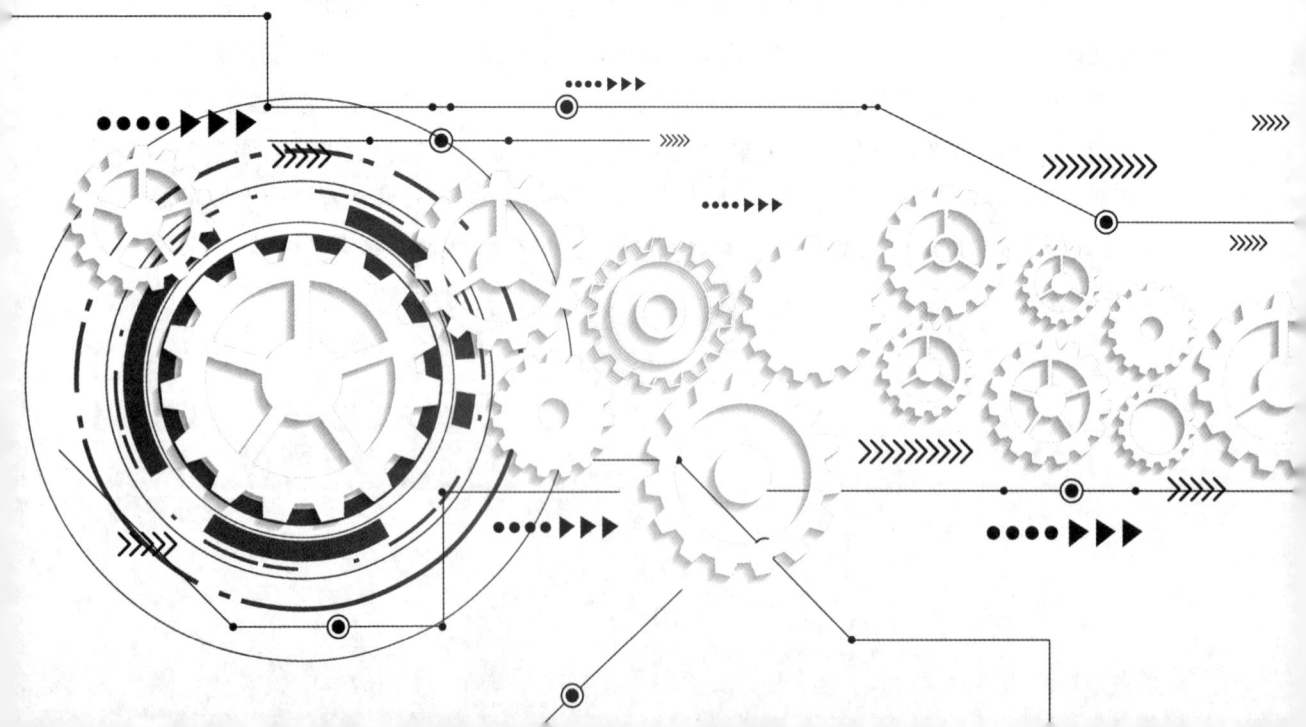

第11课　植物保姆

一、观察与思考

随着生活水平的提高，人们对生活质量有着越来越高的要求，在居住的环境中养一些合适的植物既能起到装饰的效果，又对人的健康有一定的好处。但是，很多人没办法对自己养的小植物进行定期打理，导致很多小植物没多久就枯萎了。为了解决这个问题，一些自动灌溉工具便派上了用场，它可以根据植物土壤的情况对植物进行自动浇水，并可以将植物的实时情况告知主人，大大减少了主人的压力，又使植物被"照看"得更好。

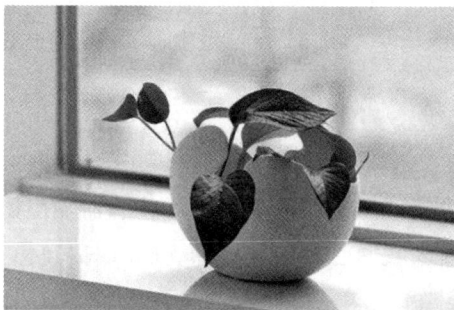

图 11-1 家里养的小植物　　　　图 11-2 书桌前的小植物

任务：

今天，我们就利用现有器材来制作一个"植物保姆"，对植物实现自动浇水，并将植物生存的土壤环境实时反馈到主人手机上，使主人能够对植物土壤状况进行远程监控。

二、项目筹备

（一）组建团队

请组建你的团队，并对组内成员进行分工。

（二）准备器材

本项目需要的传感器和其他器材如表 11-1 所示。

表 11-1 器材需求表

序号	名称	数量	用途
1	亚克力板或木板	若干	作外壳
2	激光切割机	1 台	切割亚克力板
3	热熔胶枪	1 把	粘贴零件与材料
4	ESP8266 主控板	1 块	编程主板
5	土壤湿度传感器	1 个	检测土壤湿度
6	水泵	1 个	给植物浇水
7	继电器	1 个	控制水泵开关
8	杜邦线	若干	连接线路
9	安装 Blynk APP 的手机	1 部	实时了解植物土壤情况

（三）知识储备

1. 土壤湿度传感器可用于检测土壤的水分，当土壤缺水时，传感器输出值将增大，反之将减小。在使用时，土壤湿度传感器与 ESP8266 主控板的 ADC0 端口（模拟端口）相连接，如图 11-4 所示。

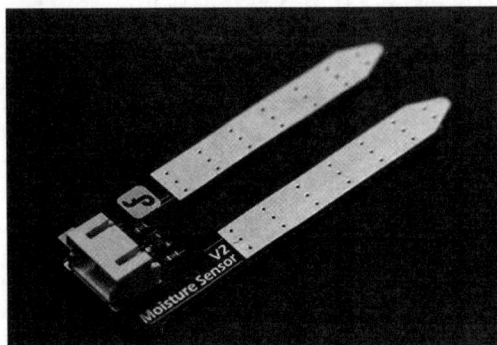

图 11-3 土壤湿度传感器   图 11-4 土壤湿度传感器与主控板连接方法

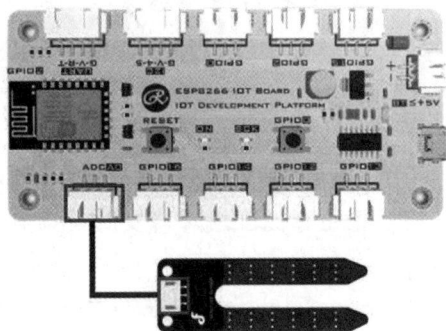

2. 水泵可以实现抽水的功能，本案例采用 12 V 微型隔膜水泵，需要较高的电压供应，因此采用继电器模块与水泵结合使用，通过控制继电器模块的闭合来控制水泵的工作。继电器与水泵的连接方法如图 10-7 所示。

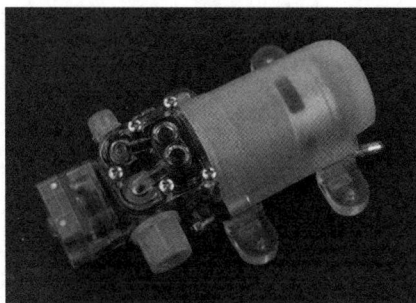 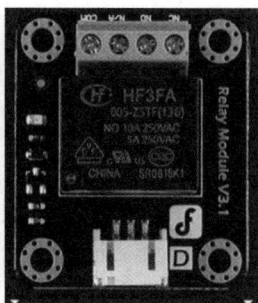 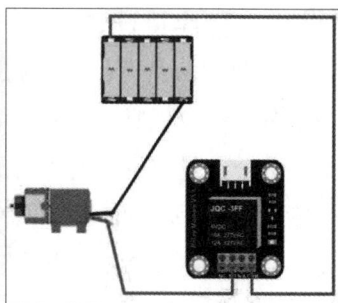

图 11-5　水泵　　　　图 11-6　继电器　图 11-7　水泵与继电器接线图

三、动手实践

（一）主要硬件的编程测试

1. 测试土壤湿度传感器。提前准备好三种土壤环境（分别是干燥土壤、正常湿润土壤、过于湿润土壤），将土壤湿度传感器接入 ESP8266 主控板 A0 端口，在 Mixly 中编写如图 11-8 所示程序，用串口打印的方式检测土壤湿度传感器的输出值，将土壤湿度传感器插入三种不同土壤环境中检测返回值，还可往干燥土壤中不断加水，观察土壤湿度传感器在其中输出值的变化，最终确定后续自动浇水的土壤湿度值。

图 11-8　串口打印土壤湿度传感器输出值

2. 测试水泵。将水泵与继电器、电池盒按照图 11-7 所示连接完成之后，将继电器模块接入 ESP8266 主控板 GPIO0 号数字接口，在 Mixly 中分别编写如表 11-2 所示程序，观察水泵的工作情况是否正常。

表 11-2　高低电平与水泵工作情况关系表

程序	水泵工作情况
数字输出 管脚 # 0 设为 高	设为高电平时，表示继电器接通，水泵工作
数字输出 管脚 # 0 设为 低	设为低电平时，表示继电器断开，水泵停止工作

（二） 程序设计流程

根据任务分析，"植物保姆"是通过土壤湿度传感器测量植物土壤中的水分含量，当水分含量较低时，打开水泵浇水；当加水到一定量时，土壤湿度传感器检测到植物土壤水分含量充足，便关闭水泵停止浇水。在这个过程中，土壤湿度的值会通过 WiFi 传输到主人手机的 Blynk APP 上，当土壤湿度较低时，手机显示"缺水"，当土壤湿度正常时，手机显示"正常"。

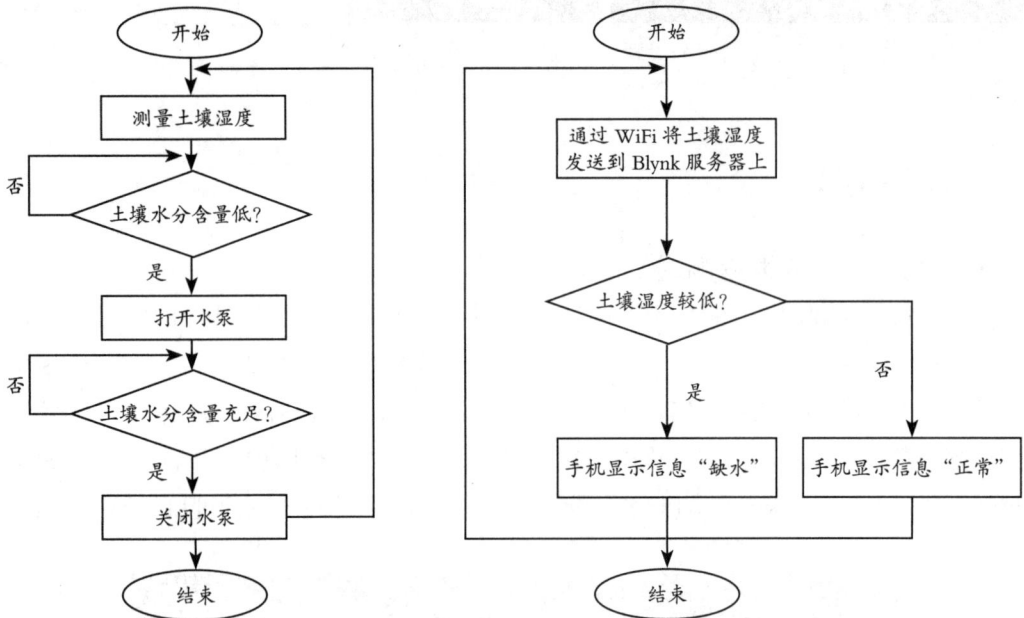

图 11-9 程序设计流程图

（三）连接硬件设备

首先将土壤湿度传感器与 ESP8266 主控板 ADC0 号接口相连接；将水泵、继电器及电池盒按照图 11-7 所示连接后，将继电器模块与主控板 GPIO0 号数字接口相连接。

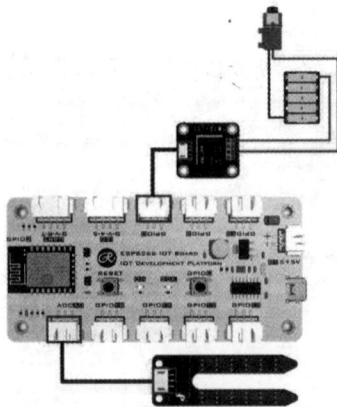

图 11-10 传感器等硬件连接图

112

（四）编程调试

1. 建立 Blynk 项目。

（1）在 Blynk APP 上新建项目，命名为"植物保姆"，开发板选择"ESP8266"，通信方式选择"WiFi"，复制项目授权码备用，如图 11-11 所示。

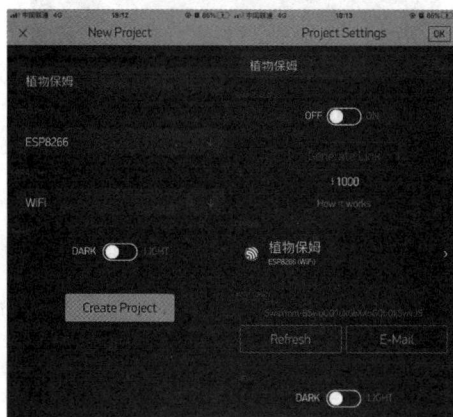

图 11-11　新建项目

（2）在项目中添加两个"Value Display"组件，分别命名为"土壤湿度值"和"土壤湿度情况"，其中"土壤湿度值"的 INPUT 设为 V0，"土壤湿度情况"的 INPUT 设为 V1，如图 11-12 所示。

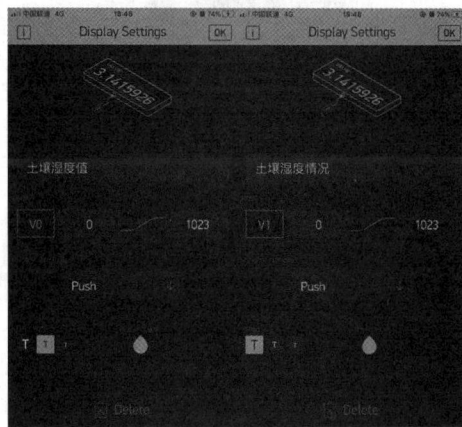

图 11-12　设置控件及参数

（3）在项目中添加"SuperChart"组件，新增一个"DataStream"，命名为"土壤湿度变化"，取 V0 作为数据变化值，如图 11-13 所示。

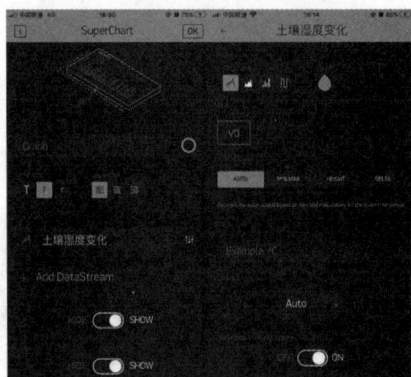

图 11-13 设置控件及参数

（4）调整各组件大小及位置，使项目在手机中呈现更美观，如图 11-14 所示。

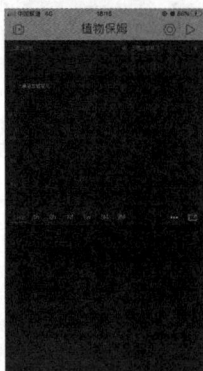

图 11-14 "植物保姆" Blynk 项目界面

2. 完成 Mixly 编程，实现作品功能。

（1）初始化一个变量 Hum 用来存储土壤湿度传感器测量值，设置 Blynk 服务器信息，如图 11-15 所示。

图 11-15 Mixly 编程图示

（2）通过传感器之前的测试确定好控制自动浇水的土壤湿度临界值（本案例采用 500 作为自动浇水的临界条件，具体情况同学们根据测试确定），便开始编写自动浇水程序，当土壤湿度＞ 500 时，打开水泵，否则关闭水泵。程序如下图 8-15 所示。

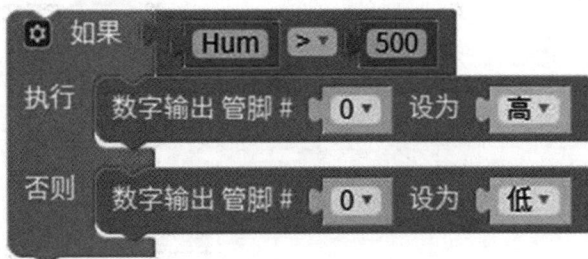

图 11-16　Mixly 编程图示

（3）通过 WiFi 将 Hum 值（即土壤湿度测量值）实时发送到 Blynk 服务器上，并在"土壤湿度值"标签上实时显示，同时根据 Hum 值确定植物土壤的干湿情况，也通过 WiFi 将结果发送到 Blynk 服务器，并在"土壤湿度情况"实时显示。编程如图 11-17 所示。

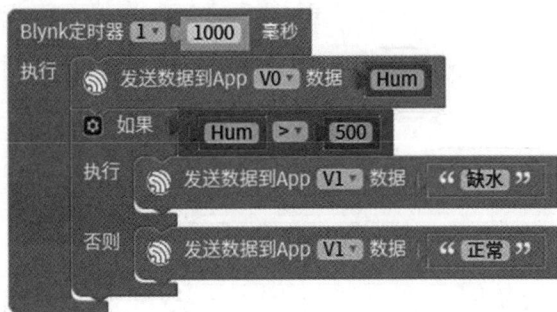

图 11-17　蓝牙串口发送土壤湿度传感器数值给手机

（五）工程制作

1. 测量传感器尺寸并填写表 11-3。

表 11-3　传感器大致尺寸表

序号	名称	长 × 宽 × 高（cm³）	备注
1	土壤湿度传感器		
2	ESP8266 主控板		
3	水泵		
4	继电器		
5	电池盒套件		

2. 制图和布局。

（1）打开 LaserMaker 软件，使用"快速造盒"工具设计"植物保姆"的外壳，根据测量尺寸填入合适的宽度、高度和深度值。

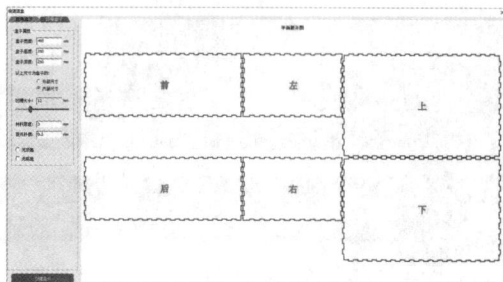

图 11-18 软件制图

（2）去掉盒子上盖，使用一些花纹图案美化外观并镂空，如图 11-19 所示。

图 11-19 软件制图"镂空"

3. 将激光切割的各部件安装，形成"植物保姆"的外观造型，可以使用热熔胶枪对外观进行固定，如图 11-20 所示。

图 11-20 "植物保姆"浇水装置外观

4. 将 ESP8266 主控板、水泵、继电器、电池盒等按照合适的位置安装在"植物保姆"上。可以给水泵安装一个支架，准备小盆栽用作测试，将土壤湿度传感器插入盆栽土壤中，并连接好线路，如图 11-21、11-22 所示。

图 11-21　完成传感器等硬件安装

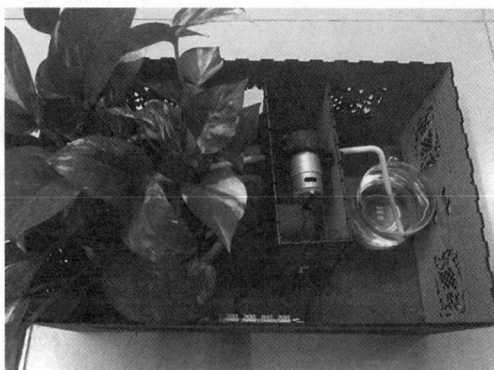

图 11-22　"植物保姆"实物

5. 通电测试。

在测试过程中主要观察土壤湿度传感器测量是否正常，水泵开关是否正常，主控板与手机 APP 间的通信是否正常。

图 11-23　通电测试

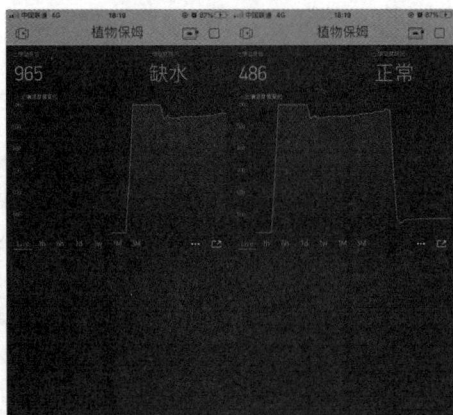

图 11-24 Blynk APP 中测试图示

6. 问题探索与程序调试。

相信同学们在程序编写及工程制作过程中遇到了不少问题，请同学们在表 11-4 中填写调试记录。

表 11-4 调试记录表

调试项目	问题分析与解决步骤
1. 检测土壤湿度传感器在三种不同土壤环境（干燥土壤、正常湿润土壤、过于湿润土壤）中的输出值	
2. 水泵与继电器的接线方式是否影响水泵抽水与浇水方向？	
3. 哪些因素会影响土壤湿度情况发送到 Blynk 服务器上？	

同学们，我们已经掌握了土壤湿度传感器、水泵及继电器的基本使用原理，同时还利用 WiFi 通信和 Blynk 服务器设计了一款"植物保姆"。请同学们再思考一下，我们还可以用哪些传感器或技术对我们作品的功能进行优化？（如检测土壤的 PH 值、植物生存的空气质量，或者使用视频技术实现手机实时观测……）

扫码下载学生工作纸，提取码 ssck

第12课　智能小车

一、观察与思考

从汽车诞生之日起，人们就开始设想未来汽车的模样。未来是一个相对的、抽象的概念，不同时代的预测与设想都有那个时代的烙印。但是无论是20世纪初盛行的火箭车设想还是如今的环保概念车设计，人们对于汽车的思维冲动始终围绕着更快捷、更方便、更经济、更环保和更安全的原则展开。

图 12-1　早期蒸汽汽车

图 12-2　蒸汽汽车

图 12-3　福特 T 型车

图 12-4　特斯拉电动车

任务：
　　今天，我们就利用现有器材来制作一款可以蓝牙遥控和支持手势识别的智能小车吧！

二、项目筹备

（一）组建团队

请组建你的团队，并对组内成员进行分工。

（二）准备器材

本项目需要的传感器和其他器材如表 12-1 所示。

表 12-1 器材需求表

序号	名称	数量	用途
1	车轮、马达	各 2 个	小车动力装置
2	万向轮	1 个	小车配件
3	亚克力板	若干	小车外壳
4	美工刀	1 把	切割材料
5	热熔胶枪	1 把	粘贴零件与材料
6	DFRduino UNO R3UNO 主控板	1 块	主控
7	杜邦线	若干	连接电路
8	蓝牙模块	1 块	手机控制用
9	直流电机驱动模块	1 个	控制马达
10	安卓手机	1 部	安装控制小车 APP

（三）知识储备

1. 蓝牙模块

蓝牙模块是指集成蓝牙功能的芯片基本电路集合，用于无线网络通讯，有数据传输模块、远程控制模块等。本课采用 DF-BluetoothV3 蓝牙模块，它采用独特双层板设计，既美观又防止静电损坏模块，设计 2 个电源输入口，可宽电压供电（3.5～8 V）和 3.3 V 供电，适用于各种场合。

图 12-5 蓝牙模块

2. 电机驱动模块

微型双路直流电机驱动基于 TB6612FNG 驱动 IC 设计，采用特殊逻辑控制方式，仅需 4 根管脚即可实现双路电机控制，相比纯芯片而言，减少了两个 IO 管脚，为 Arduino 等控制器节约了宝贵的 IO 资源，可以应用在更多领域中。

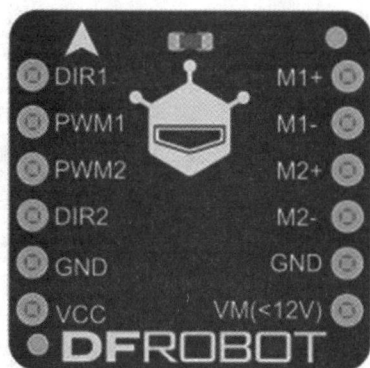

图 12-6　电机驱动模块

表 11-2　微型电机驱动模块管脚映射

标号	名称	功能描述
1	DIR1	电机 M1 的方向控制引脚
2	PWM1	电机 M1 的速度控制引脚
3	PWM2	电机 M2 的速度控制引脚
4	DIR2	电机 M2 的方向控制引脚
5	GND	逻辑部分电源负极
6	VCC	逻辑部分电源正极
7	M1+	M1 路电机输出 1
8	M1-	M1 路电机输出 2
9	M2+	M2 路电机输出 1
10	M2-	M2 路电机输出 2
11	GND	电机电源负极
12	VM（＜ 12 V）	电机电源正极

3. APP Inventor

（1）通过访问广州服务器（网址：http://app.gzjkw.net/）制作手机 APP。

（2）APP Inventor 提供了手机 APP 制作的多种组件，如按钮、标签、图像、列表选择框、计时器、蓝牙客户端等，只需要通过拖拉的形式在组件面板上完成 APP 的界面布局，再通过逻辑设计完成 APP 功能的实现即可。APP Inventor 在逻辑设计方面也是采用和 Scratch、Mixly 等软件类似的拖拉嵌套形式完成，非常适合学生使用。

图 12-7 APP Inventor 组件设计界面

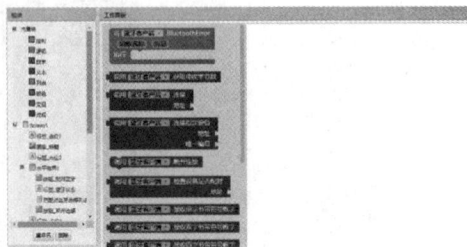

图 12-8 APP Inventor 逻辑设计界面

（3）蓝牙通信。在使用 APP Inventor 与 Arduino 主控板进行蓝牙通信时，需要在 APP 中加入蓝牙客户端组件；同时需要使用一个活动启动器用来打开手机蓝牙配对后台，并将活动启动器的 Action 属性设置为"android.settings.BLUETOOTH SETTINGS"；另外，蓝牙串口与 Arduino 通信的唯一编码为"00001101-0000-1000-8000-00805F9B34FB"。

表 11-3 App Inventor 及其功能介绍

程序	功能
	蓝牙客户端
	活动启动器
	"蓝牙配对界面"活动启动器的 Action 属性 "android.settings.BLUETOOTH SETTINGS"
	"蓝牙配对界面"的启动器启动之后，会打开手机 蓝牙配对后台
	蓝牙串口与 Arduino 通信的唯一编码为 "00001101-0000-1000-8000-00805F9B34FB"

三、动手实践

（一）主要硬件测试

测试电机的转向及速度。将两个减速电机接在电机驱动扩展板的电机接口上，在电机驱动扩展板上插入电机驱动模块，使用杜邦线将电机驱动扩展板接入主控板 VIN 接口（注意正负极方向）。将电机驱动扩展板的 PWM1 和 PWM2 分别与 5 号、6 号接口相连，将 DIR1 和 DIR2 分别和主控板 4 号、7 号接口相连，如图 12-9 所示。然后将接好线路的主控板接入电脑，编写如图 12-10 所示程序。观察电机的转向及转速，尝试修改 4、7 号管脚的高低电平信号观察电机转向的变化，尝试修改 5、6 号输出值（0-255）观察电机转速的变化。

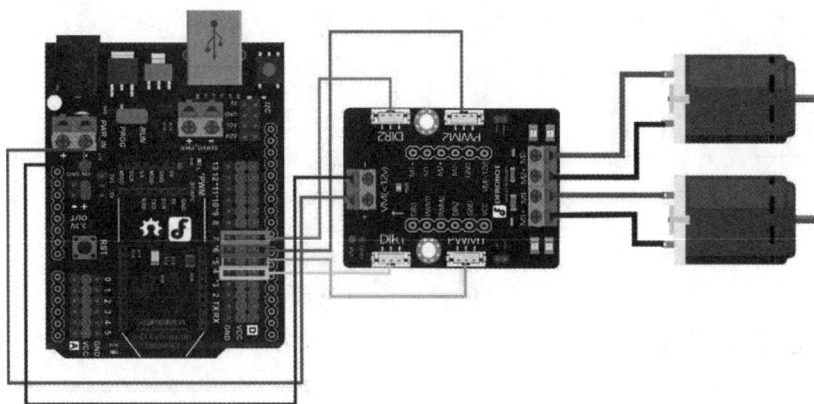

图 12-9　电机、电机驱动、电机驱动扩展板和主控板连接方法

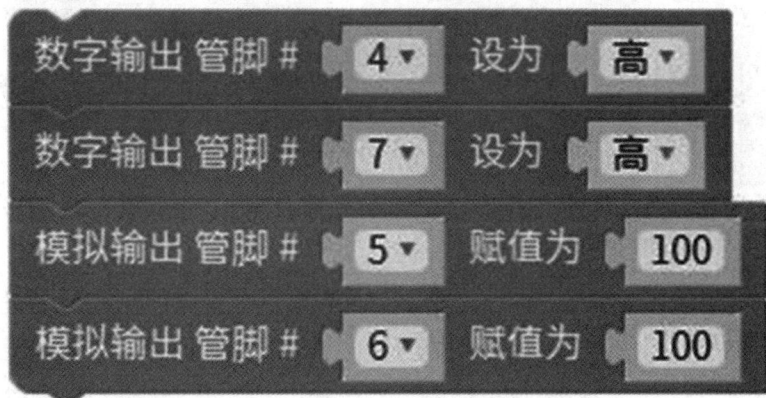

图 12-10　测试电机转向及转速

123

（二） 软件流程设计

用手机 APP 实现蓝牙控制小车的前进、左转、右转、后退和停止。

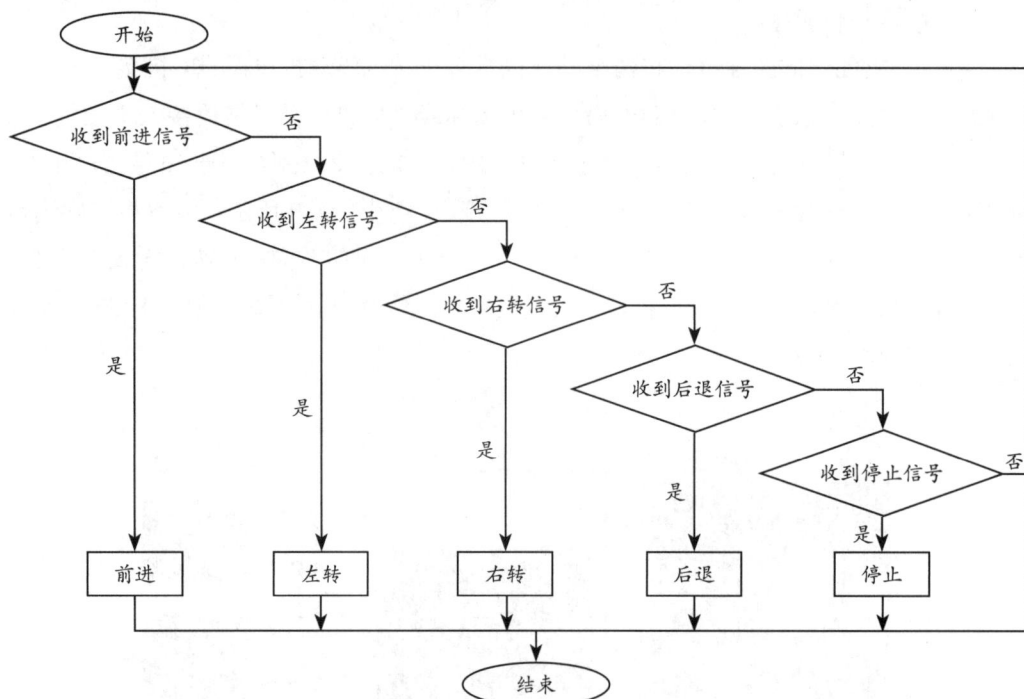

图 12-11 程序设计流程图

（三）连接蓝牙模块

蓝牙模块接入主控的蓝牙位置，如图 12-12 所示。

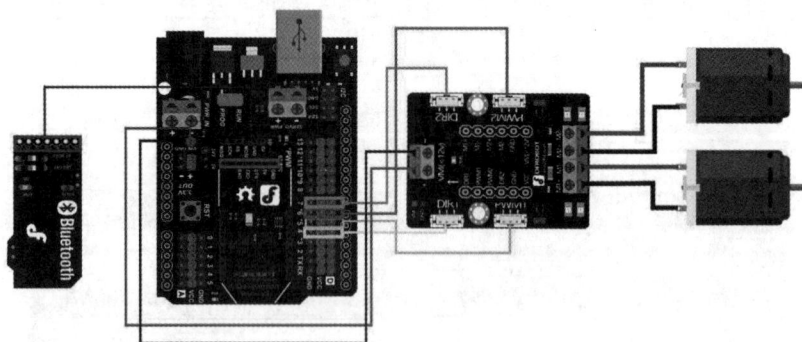

图 12-12 硬件连接图

（四）编程调试

1. 声明变量 re 作为蓝牙接收信号，分别定义好小车前进、左转、右转、后退和停止函数，程序如图 12-13 所示。

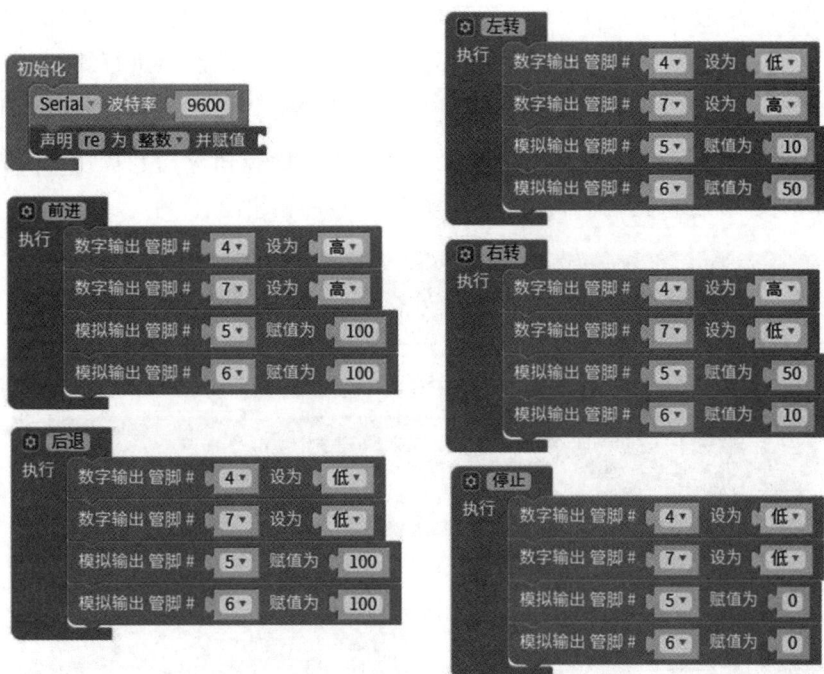

图 12-13　Mixly 编程图示

当蓝牙接收到手机发过来的 1、2、3、4、5 信号时，分别执行前进、左转、右转、后退、停止函数，实现小车的运动功能，程序如图 12-14 所示。

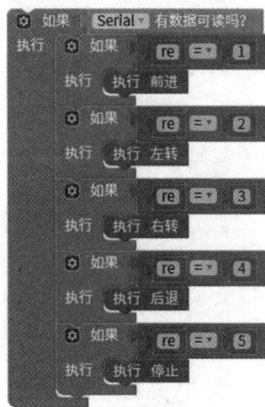

图 12-14　Mixly 编程图示

注意：

在加载程序到主控板上的时候，需要将蓝牙模块取下，等程序加载完毕之后再将蓝牙模块插入主控板。

2.APP 编程。使用 APP Inventor 编写智能小车 APP，使用按钮、蓝牙客户端、活动启动器、标签等组件设计 APP 界面（如图 12-15 所示），然后进行编程。在编程中主要涉及蓝牙连接以及控制小车运动的功能。其中蓝牙连接代码如图 12-16 所示，另外前进、后退、左转、右转、停止的功能通过按下对应按钮及松开按钮，并利用蓝牙客户端分别向小车发送 1、2、3、4、5 来实现，代码如图 12-17 所示。

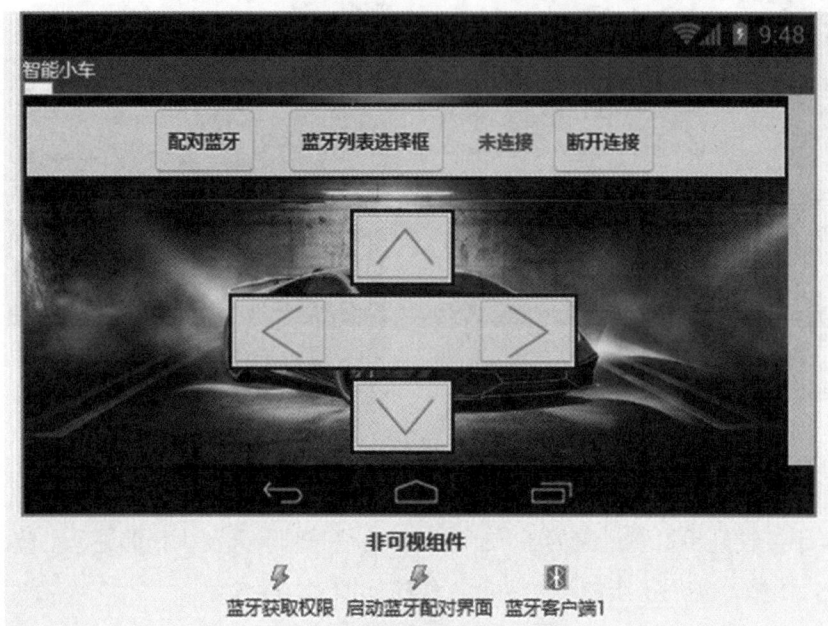

图 12-15 智能小车 APP 界面

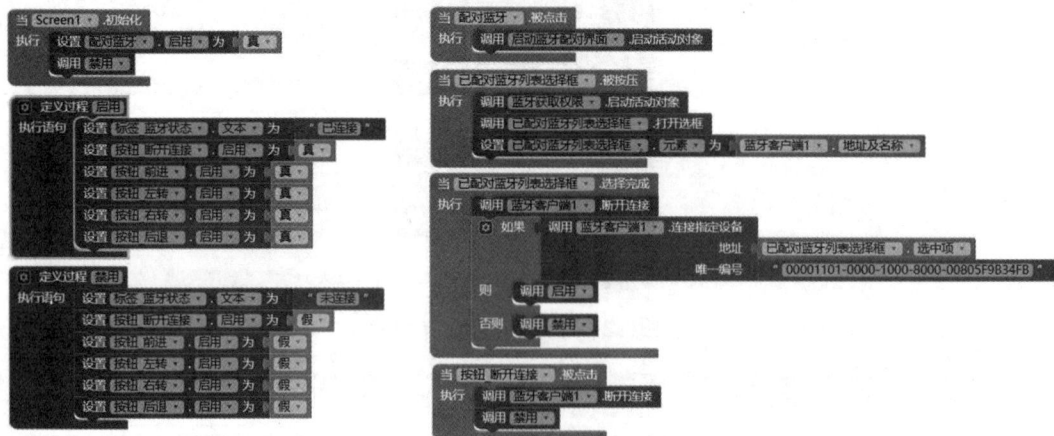

图 12-16 智能小车 APP 编程图示

图 12-17 智能小车 APP 编程图示

（五）工程制作

1. 测量传感器尺寸，并填写下表。

表 12-4 传感器大致尺寸表

序号	名称	长×宽×高（cm³）	备注
1	车轮		
2	万向轮		
3	DFRduino UNO R3 主控板		
4	蓝牙模块		
5	直流电机驱动模块		
6	减速马达		

2. 制图。

设想小车形状，使用 LaserMaker 软件绘制小车各零部件。根据车轮、主控板及电机驱动扩展板的尺寸大小调整车的整体大小，预留位置放置硬件设备，设计图如图 12-18 所示。

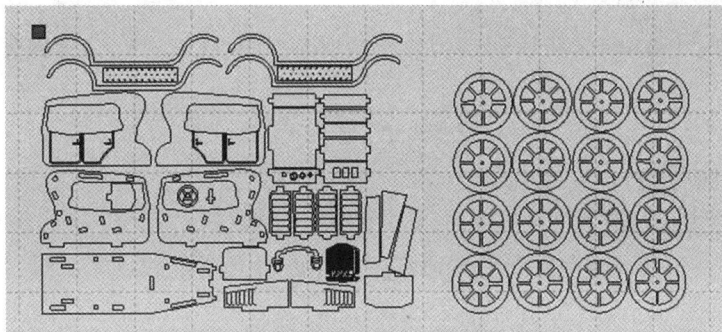

图 12-18 软件制图

3. 激光切割小车外观各零部件。

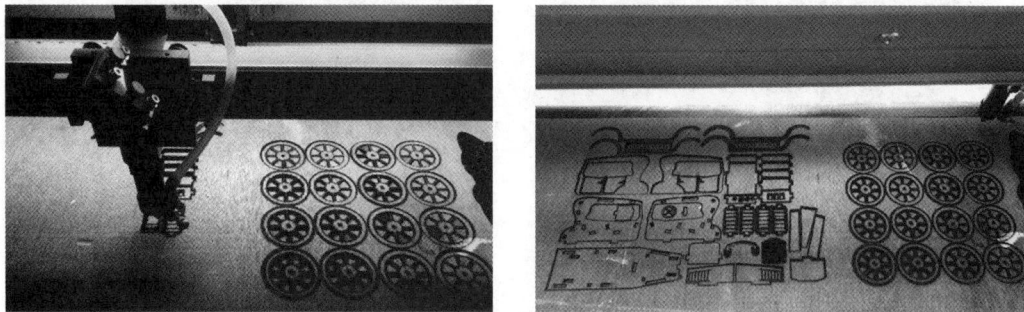

图 12-19 激光切割产品成型图

4. 组装小车。可以使用热熔胶枪等设备将小车各零部件粘贴牢固，注意各零部件及传感器等硬件的粘贴顺序，避免重复性工作。

图 12-20 组装小车

5. 通电测试。

将小车通上电，打开手机 APP 连接小车蓝牙，通过手机控制小车的运动，如遇小车运动有偏差，可微调小车左右轮转速程序，并重新上传程序。

图 12-21　通电测试

6. 问题探索与调试项目。

相信同学们在程序编写和工程制作中遇到了不少问题，请同学们在表 12-5 中填写调试记录（主要是编程调试和组装调试）。

表 12-5　调试记录表

问题探索与调试项目	问题分析和解决步骤
1. 主控数字接口 4、7 两接口和 5、6 两接口分别对调会出现什么问题？	
2. 调换两车轮的马达驱动接口 PWM1 和 PWM2，会出现什么问题？	
3. 如果想让小车原地左转或者右转应该如何修改程序？	
4. 尝试修改智能小车 App 程序，当点击前进、左转、右转和后退时，小车便一直执行该动作，直到点击停止才停止	

同学们，我们已经掌握了蓝牙传感器和电机驱动模块的基本原理，在这里我们学会了用蓝牙控制小车运动，还能用哪些传感器对我们作品的功能进行改进？（如磁敏、遥控、声控……）

扫码下载学生工作纸，提取码 ssck

四、阅读拓展

未来的电动车长什么样？ Polestar 极星敢说自己是答案

随着互联网对汽车产业的深度渗透以及科技的不断进步，汽车新四化的趋势已成为大家的共识。尤其是代表车企未来产品的概念车，更是把前瞻的黑科技武装到牙齿。

在 2020 年日内瓦车展开幕前一周，极星品牌（Polestar）在网络上提前发布了一款重磅概念车——极星 Precept（PolestarPrecept）。这是极星品牌继极星 1 和极星 2 之后亮相的第三款车型，该车代表了极星品牌车型的未来设计方向，通过了解这款车就能大概知道极星后续的车型是什么样的。

图 12-21 极星 Precept

在节能减排的大趋势无法避免的情况下，越来越多的厂商加入可持续发展的理念中来，极星这款概念车通过挖掘新型可再生环保材料，将资源循环再利用，能够在不舍弃豪华体验的同时，为地球环境的长远利益做出贡献，这无疑是更值得点赞的。

化繁为简，智能超乎想象的科技感是一辆未来汽车必备的卖点，极星 Precept 可谓卖点十足，采用了 15 英寸中控屏和 12.5 英寸的数字仪表盘组合，并且将继续和谷歌合作，基于原生安卓系统，开发下一代人机交互系统。

为了实现更多个人专属化功能和智能交互应用，中控面板上集成了大量的智能传感器，提供了较强的拓展性。比如当车主靠近车辆时，车辆可以通过钥匙自动识别车主，并根据之前车主偏好自动完成设置，包括后视镜、座椅、空调和娱乐设置等功能。

另外，极星 Precept 还搭载了一种颇为有用的交互方式，当用户处于驾驶状态，屏幕会根据眼部追踪显示此时所需信息，而当用户的手靠近屏幕准备操作时，系统会根据手的位置，提前将"预估"的所需信息放大并着重显示，便于用户查看和操作。同时，中控屏幕和仪表盘屏幕能够自动调节亮度，在人眼注视时适当调亮，在人眼没有注视时将亮度调低。这样的一个小功能也能让驾驶员更专注于前方道路。

第13课 智能牧场管理模型

一、观察与思考

畜牧业具有非常悠久的历史，从古至今，牲畜牧场的管理对牧场主人来说都是一件非常头疼的事情。考虑到经济效益，在早晨放出牲畜再到傍晚牲畜回圈，牧场主人经常需要花费大量时间和精力在统计牲畜数量上。牧场主人一直在寻找更便捷的方式来解决这个问题，以求达到更精细化的管理，从而产生更好的经济效益。

图 13-1 牧羊人在赶羊群

图 13-2 传统牧场主人喂养奶牛

图 13-3 传统牧场圈养状况

图 13-4 智能牧场管理

任务：

今天，我们就利用现有器材来制作一种智能牧场管理模型，实现定时开闸关闸，并对羊群在圈外还是圈内的状态实时监测，从而达到统计羊群数量的效果。

二、项目筹备

（一）组建团队

请组建你的团队，并对组内成员进行分工。

（二）准备器材

本项目需要的传感器和其他器材如表 13-1 所示。

表 13-1 器材需求表

序号	名称	数量	用途
1	亚克力板	若干	羊圈外观模型
2	激光切割机	1 台	切割亚克力板
3	热熔胶枪	1 把	粘贴零件与材料
4	Arduino Uno R3 主控板	2 块	编程主板
5	蓝牙串口模块	2 块	与手机连接
6	舵机	2 块	开闸关闸
7	RFID-RC522 阅读器	2 块	身份识别
8	RFID 标签	3 个	身份标签
9	水泵	1 个	给牧场供水
10	继电器	1 个	控制水泵开关
11	杜邦线	若干	连接线路
12	安卓手机	1 部	实时了解羊群状态

（三）知识储备

1. 蓝牙串口模块是指集成蓝牙功能的芯片基本电路集合，用于无线网络通讯，有数据传输模块、远程控制模块等。本案例采用 DF-BluetoothV3 模块，该模块自带高效板载天线，信号质量好，发射距离更远（实测结果可达 50 米），透明串口，可与各种蓝牙适配器、蓝牙手机配对使用。

图 13-5 DF-BluetoothV3 模块

图 13-6 蓝牙模块与主控板连接方法

　　在 Mixly 中,DF-Blutooth V3 模块通过串口通信的方式发送和接受数据,在使用前,我们必须提前设置好它的串口波特率（DF-Blutooth V3 模块出厂时默认的串口波特率为 9600）。在 Mixly 中，该模块的使用方法如下：

表 13-2 DF-Bluetooth V3 使用方式一览表

程序	功能
初始化 Serial 波特率 9600	程序编写时，需要初始化蓝牙串口波特率
Serial 打印	发送数据（可以发送数字、字符和字符串）
Serial 有数据可读吗？	判断蓝牙串口是否有接收到数据
Serial read	蓝牙串口接收到的数据

　　2.RFID 系统包含阅读器、电子标签和应用软件系统三个部分。阅读器能够解读 RFID 标签，并返回 RFID 标签存储的数据。本案例将采用 RFID-RC522 阅读器，该模块采用电压为 3.3V,通过 SPI 接口简单的连线就可以直接与主控板连接通信，可以保证模块稳定可靠地工作，实现非接触读卡。每个 RFID 标签都是独一无二的，可以利用 RFID 的这一特性与每只羊实现一一对应识别。

图 13-7 RFID-RC522 阅读器

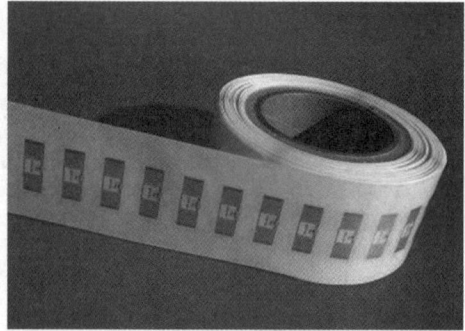

图 13-8 RFID 标签

在 Mixly 中 RFID-RC522 阅读器使用的方法如下：

表 13-3 RFID 阅读器使用方法

程序	功能
初始化 rfid 为 SDA 10 SCK 13 MOSI 11 MISO 12	初始化 RFID-RC522 的接线口（根据实际接线情况设置）
RFID 侦测到信号	判断 RFID 阅读器是否读取到 RFID 标签
rfid 所读卡的卡号	RFID 阅读器读取到 RFID 标签数据，返回一个字符串

3. 180°微型舵机能够在 0°～180°之间运动。本案例采用 DFRobot 出品的 DF9GMS 180°微型舵机，该舵机采用高强度 ABS 透明外壳配以内部高精度尼龙齿轮组，加上精准的控制电路、高档轻量化空心杯电机，使该微型舵机的质量只有 9 克，而输出力矩达到了惊人的 1.6 千克力·厘米。

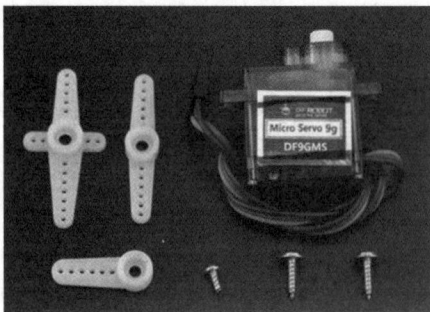

图 13-9 DF9GMS 180°微型舵机

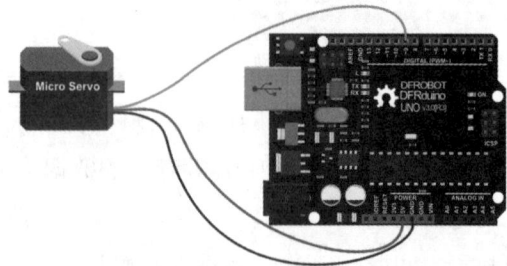

图 13-10 180°微型舵机与主控板的接线方法

在 Mixly 中 180°微型舵机的使用方法如下：

表 13-4　180°微型舵机使用方法

程序	功能
舵机 管脚　9▼ 角度（0~180）　0 延时(毫秒)　0	设置 180°舵机在定时内转到 0°（可以调整 0°～180°）

4. 水泵可以实现抽水的功能。本案例采用 12 V 微型隔膜水泵，需要较高的电压供应，因此采用继电器模块与水泵结合使用，通过控制继电器模块的闭合来控制水泵的工作。继电器与水泵的连接方法如图 13-13 所示。

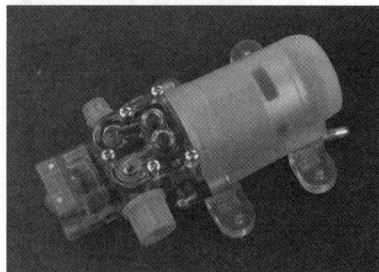

图 13-11　水泵

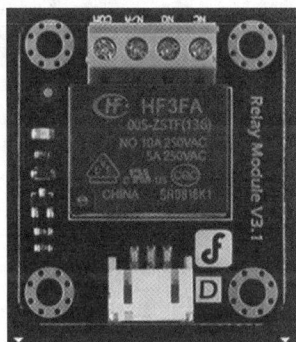

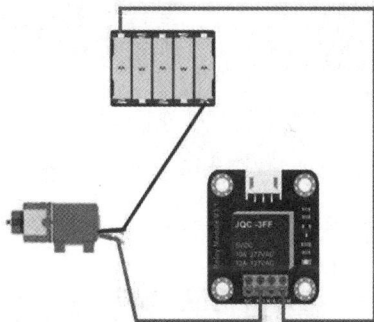

图 13-12　继电器　　　　图 13-13　水泵与继电器接线图

三、动手实践

（一）主要硬件的编程测试

1. 测试 RFID 阅读器及 RFID 标签。将 RFID 的 SDA、SCK、MOSI、MISO 使用杜邦线分别与主控板的 10、13、11、12 号接口相连，RFID 的 VCC 端口与主控板的 3.3 V 相连，GND 端口与主控板的 G 接口相连；使用 3 个 RFID 标签分别粘贴到 3 只羊的模型上，使用如图 13-14 程序检测得到 3 只羊的身份识别码。

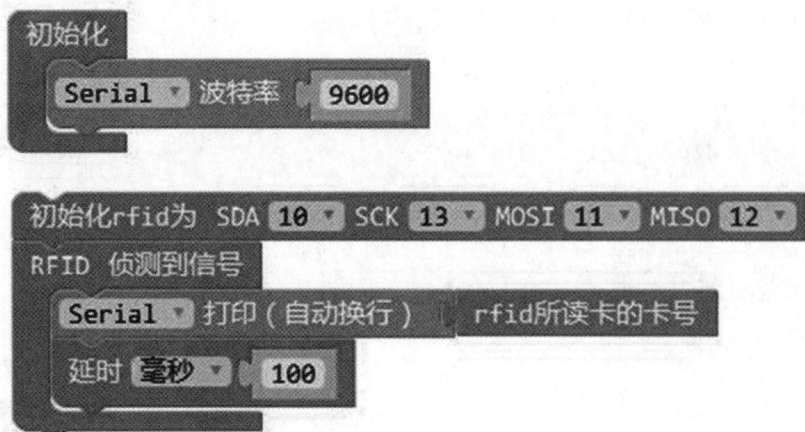

图 13-14 读取羊所贴 RFID 标签得到羊的身份识别码

2. 测试舵机并调试好牧场入口及出口的舵机角度。将舵机与主控板 A5 接口相连，分别测试舵机在 0°、90° 及 180° 的状态，再根据牧场出口及入口的实际情况调整角度，调试代码如图 13-15 所示。

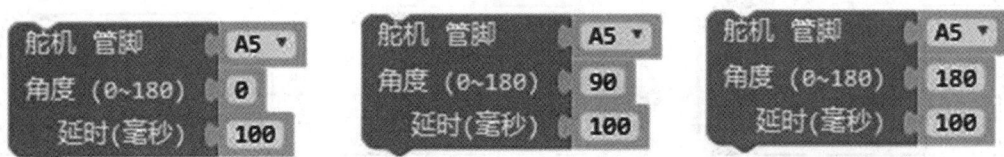

图 13-15 测试舵机角度

3. 测试水泵。将连接水泵的继电器模块与主控板 7 号接口相连，编写如图 13-16 所示的程序，确定水泵出水口及进水口位置。

图 13-16 水泵工作程序

（二） 程序设计流程

根据任务分析，该牧场管理模型主要利用手机与蓝牙模块通信控制定时开闸和关闸，利用 RFID 射频识别技术识别羊群身份，从而识别羊群处于羊圈内还是羊圈外，并将结果实时反馈回手机。手机 APP 实时判断羊群状态，并在早晨羊群未全部出栏及傍晚羊群未全部回栏时发出警报告知牧场主人，通知牧场主人及时处理相应状况。

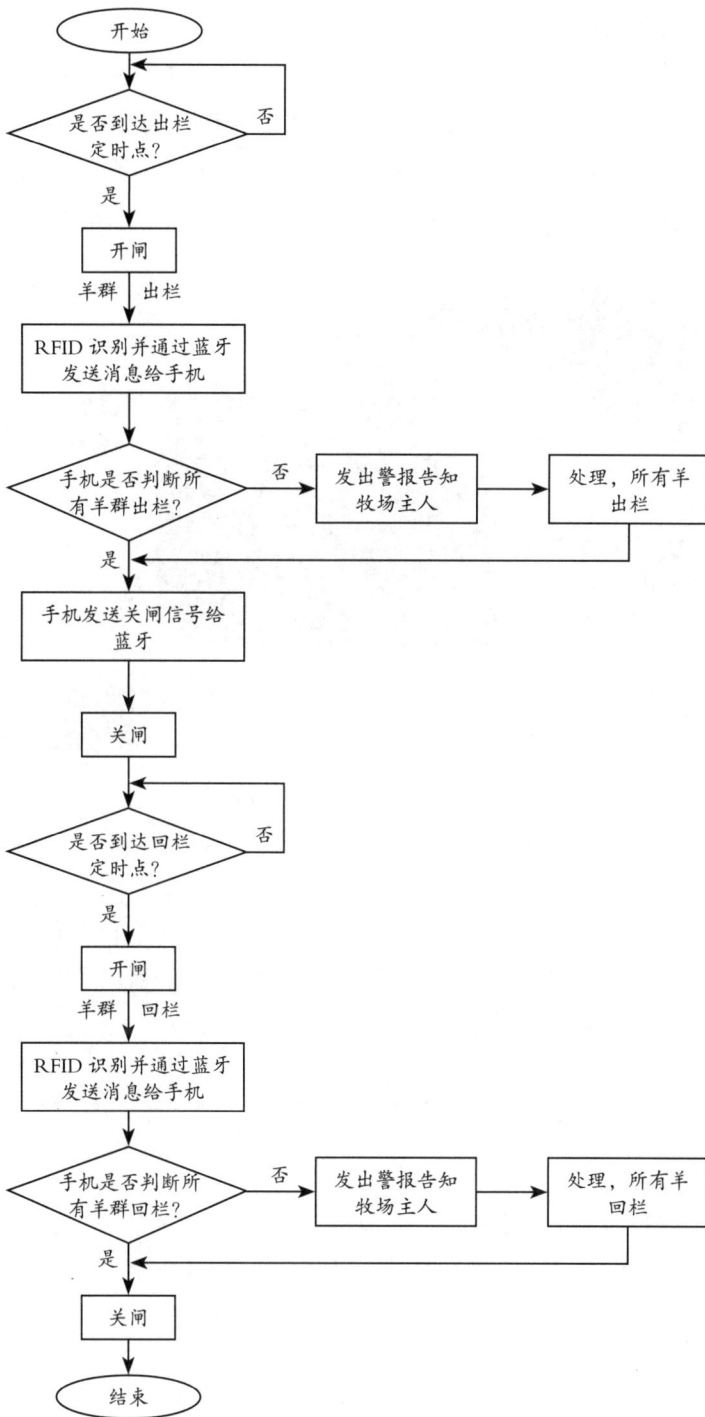

图 13-17 程序设计流程图

（三）连接硬件设备

将 RFID 的 SDA、SCK、MOSI、MISO 使用杜邦线分别与主控板的 10、13、11、12 号接口相连，RFID 的 VCC 端口与主控板的 3.3 V 相连，GND 端口与主控板的 G 接口相连；将连接水泵的继电器模块与主控板 7 号接口相连；将舵机与主控板 A5 接口相连；将蓝牙模块直接插入主控板指定蓝牙接口处。硬件连接图如图 13-18 所示。

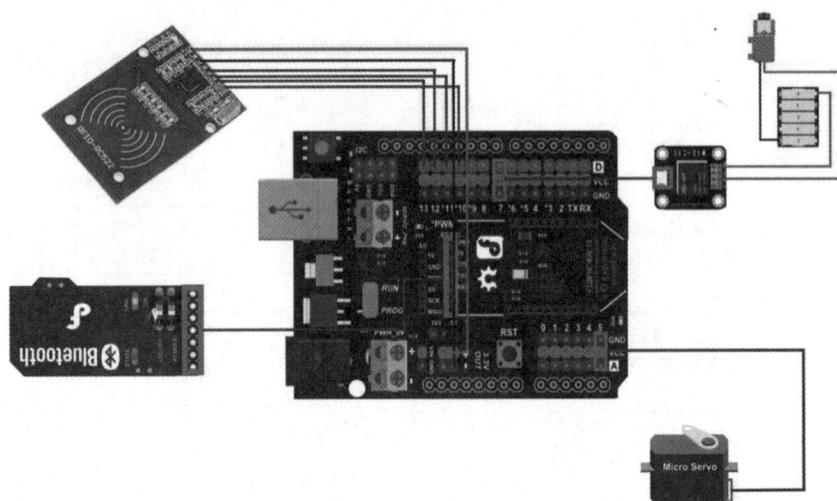

图 13-18　硬件连接图

> **注意：**
>
> 　　本牧场管理模型包含入口和出口两个部分，因此需要两套控制系统分别统计羊群进出情况，两套控制系统均需要主控板、蓝牙模块、RFID 阅读器、舵机模块，并且接线方式也完全一致。不同的是，只用到了一个水泵，水泵接入入口控制系统。

（四）编程调试

本作品包含 3 个部分的编程，分别是牧场的出口程序、入口程序以及手机 APP 部分的编程。牧场的出口和入口程序使用 Mixly 编程软件完成，手机 APP 使用 APP Inventor 编程完成，具体步骤如下。

1. 编写牧场的出口程序。

初始化串口波特率为 9600，舵机角度为 90 度，使用字符串数组存储三只羊身上所贴标签，并初始化三个变量 rd、re 及 instead，rd 用来表示读取到的羊身份标签代码，re 用来读取手机蓝牙发送过来的信号数值，instead 用来表示通过蓝牙串口发送给手机的信号数值。初始化代码如图 13-19 所示。

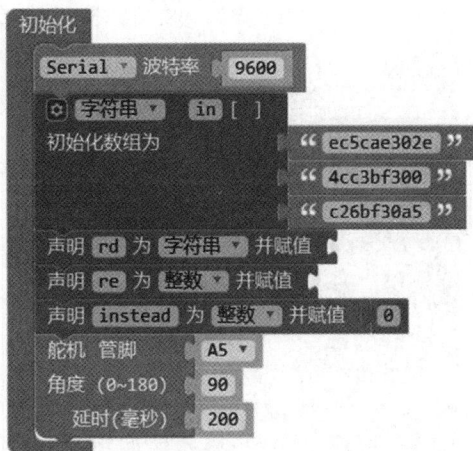

图 13-19　Mixly 编程图示

在牧场出口程序中，使用 RFID 阅读器判断羊是否出牧场，控制舵机开关闸。当第一只羊出牧场时，将 instead 赋值为 4，当第二只羊出牧场时，instead 赋值为 5，当第三只羊出牧场时，instead 赋值为 6。同时，在这个过程中，蓝牙串口不断向外发送 instead 的值，当手机连接，即可通过获取的信号数值判断羊群是否出牧场。另外，牧场出口一直在判断是否接收到手机发送过来的开关闸信号，当接收到 0 时，表示关闸，接收到 1 时，表示开闸。编程代码如图 13-20 所示。

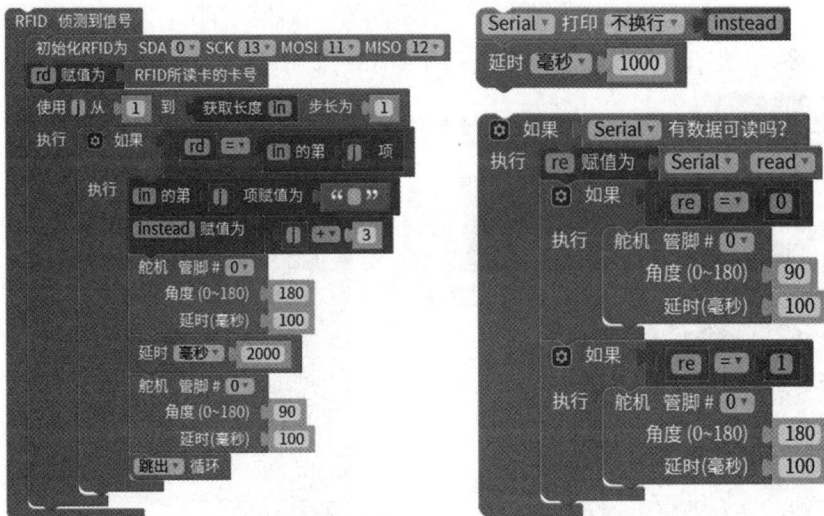

图 13-20　Mixly 编程图示

2. 编写牧场的入口程序。

需要初始化串口波特率、舵机角度、羊群身份数组等参数，并声明相关变量（变量与牧场出口用法一致）。同时，需要将控制加水的水泵关闭。初始化代码如图 13-21 所示。

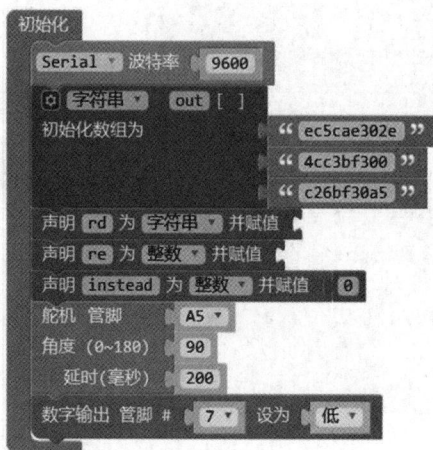

图 13-21 Mixly 编程图示

在牧场入口程序中，使用 RFID 阅读器判断羊是否进入牧场，控制舵机开关闸。当第一只羊进入牧场时，将 instead 赋值为 1，当第二只羊进入牧场时，instead 赋值为 2，当第三只羊进入牧场时，instead 赋值为 3。同时，在这个过程中，蓝牙串口不断向外发送 instead 的值，当手机连接上，即可通过获取的信号数值判断羊群是否进入牧场。另外，牧场入口一直在判断是否接收到手机发送过来的开关闸及是否打开水泵信号，当接收到 0 时，表示关闸，接收到 1 时，表示开闸，接收到 2 时，表示打开水泵加水，当接收到 3 时，表示关闭水泵。编程代码如图 13-22 所示。

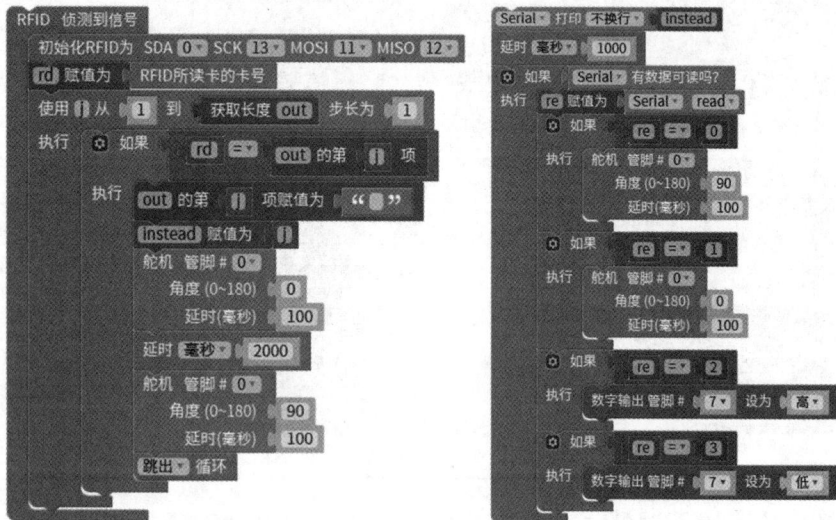

图 13-22 Mixly 编程图示

3. 手机 APP 编程。

使用 APP Inventor 编写牧场管理 APP，使用按钮、标签、列表显示框、蓝牙客户端、蓝牙活动启动器、计时器及文本语音转换器等组件设计 APP 界面，如图 13-23 所示。

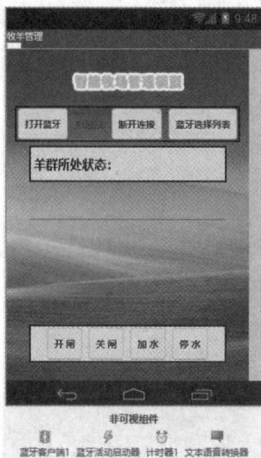

图 13-23　APP 组件设计界面

接下来进行 APP 的逻辑设计部分，在逻辑设计中主要涉及蓝牙连接、读取牧场信号数据及发送开关闸与开关水泵三个部分的代码，其中蓝牙连接部分在上节课我们已经介绍过，在这里只介绍读取牧场信号数据、发送开关闸及开关水泵两个部分的代码。

在读取牧场发送过来的信号数据部分时，首先初始化两个变量接收和羊群状态，接收表示接收到牧场发送过来的信号数据，羊群状态先初始化为三只羊都在牧场内的列表，并将列表数据显示在列表显示框内，代码如图 13-24 所示。使用计时器的计时事件不断判断牧场发送过来的信号数据，当接收到 52、53、54 时，表示羊群出了牧场，当接收到 49、50、51 时，表示羊群正在进入牧场，代码如图 13-25 所示。

图 13-24　APP 编程图示

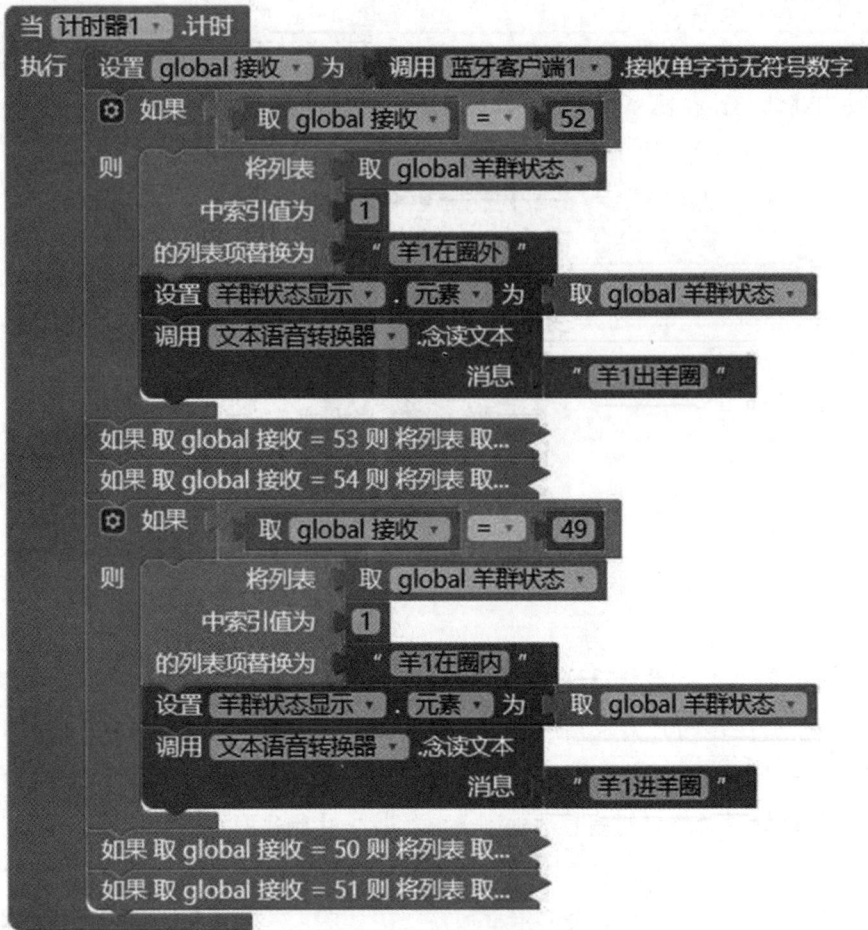

图 13-25 APP 编程图示

在控制开关闸部分，使用 4 个按钮来控制，当按钮开闸与关闸分别被点击时，调用蓝牙分别发送信号数值 1 和 0 出去；当按钮加水与停水分别被点击时，调用蓝牙分别发送信号数值 2 和 3 出去，代码如图 13-26 所示。

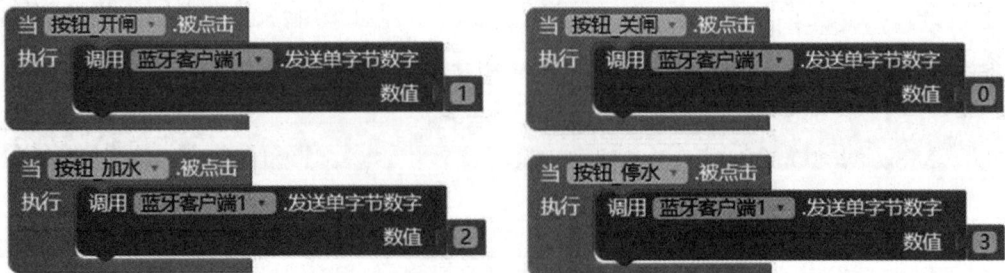

图 13-26 APP 编程图示

（五）工程制作

1. 测量传感器尺寸并填写表 13-5。

表 13-5　传感器大致尺寸表

序号	名称	长 × 宽 × 高（cm³）	备注
1	RFID 阅读器		
2	模型羊		
3	DFRduino UNO R3UNO 主控板		
4	舵机及闸门设备		
5	水泵		
6	电池盒套件		

2. 制图和布局。

使用 Coreldraw 软件设计牧场管理模型的外观，确定好牧场入口和出口位置，及牧场储水区、草料区等位置，同时，确定传感器等硬件设备的存放位置。制作如图 13-27 所示的模型设计图。

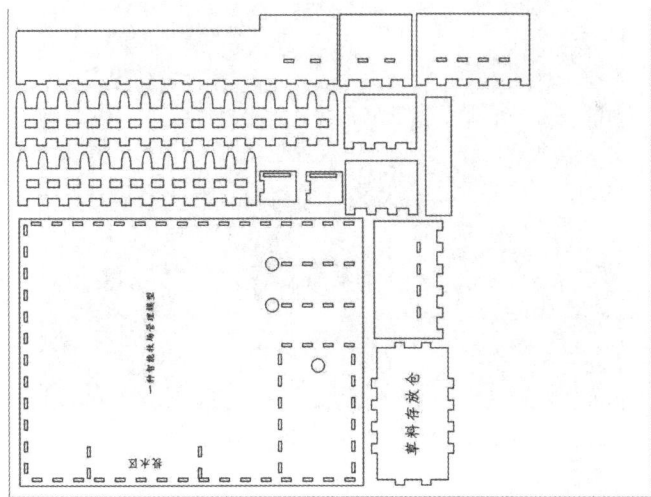

图 13-27　牧场管理模型外观设计图

3. 选取材料，激光切割成型。

本案例我们使用亚克力板，用激光切割成牧场模型的各个部件。

4. 将激光切割的各部件安装形成牧场管理模型的外观，并将 RFID 阅读器、蓝牙模块、舵机、水泵、主控板、电源等按照合适位置安装在牧场管理模型上，并连接好线路，如图 13-28 所示。

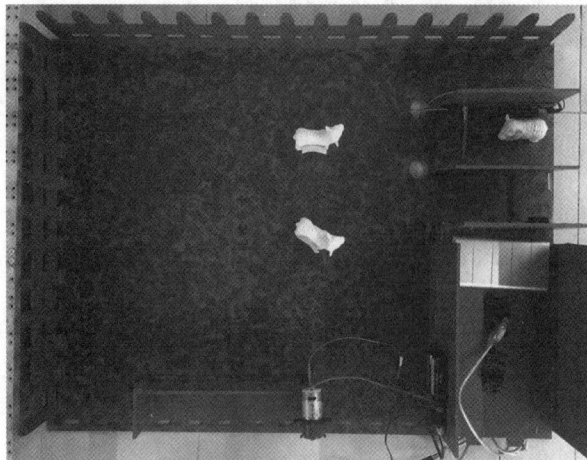

图 13-28　组装作品

5. 通电测试。

在测试过程中主要观察 RFID 读取是否正常、舵机角度有无错误、手机 APP 是否能够正常读取和发送。

图 13-29　通电测试

6. 问题探索与程序测试。

相信同学们在程序编写及工程制作过程中遇到了不少问题，请同学们在表 13-6 中填写调试记录。

表 13-6 调试记录表

问题探索与调试项目	问题分析和解决步骤
1. 选取多个 RFID 标签进行测试，确定每个标签的识别码并做好记录	
2. RFID 阅读器在使用过程中遇到什么问题？（如读取是否正常？接线方面有何问题）	
3. 不同舵机旋转角度及方向经常出现偏差，舵机角度不合适时，怎样解决？	
4. 手机 APP 能否正常接收牧场模型发送过来的信号数据，能否控制开关闸及开关水泵？	

　　同学们，我们已经掌握了 RFID 阅读器、水泵的基本使用原理，在这里我们学会了通过蓝牙实现手机与主控器之间互相通信的原理，同时还帮助牧场主人设计了牧场管理模型。请同学们再思考一下，我们还可以用哪些传感器或技术对作品的功能进行改进？（如图像识别、视频监控、WiFi 通信……）

扫码下载学生工作纸，提取码 ssck

第14课　智能婴儿床

一、观察与思考

人口再生产是社会再生产的必要条件。过去，为防止全国人口超负荷而导致对资源的过度消耗，计划生育政策于 20 世纪 70 年代开始在我国推行，至 1982 年定为基本国策，2001 年成为国家法律。在政策执行得妥的保证下，我国人口再生产从高出生、低死亡、高增长类型发展到态势呈现出低生育、老龄化及少子化加快等特征。为修复扭曲的人口结构，2015 年 10 月起，中国全面开放二胎政策，但后面实际出生率均不及预期。原因纷繁复杂，其中不乏碍于生活节奏越来越快，许多家长在照看孩子与工作之间显得力不从心。具体表现为很多时候，当婴儿醒来，出现啼哭、大吵大闹等情况时，父母往往因为工作不一定在旁边，更甚者出现婴儿在家中长时间无人看管的现象，导致儿童安全事故频发。

图 14-1　1949 年至今中国生育政策演变

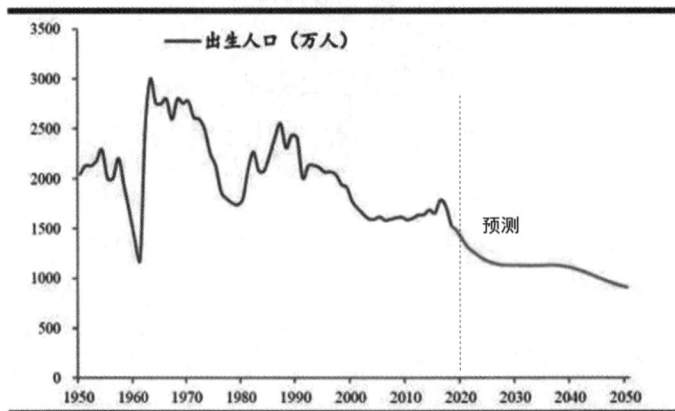

图 14-2　1949 年至今中国出生率演变及预测轨迹

146

任务：

今天，我们就利用现有器材来制作一款可以辅助家长照看婴儿、实时监测的智能婴儿看护床吧！

二、项目筹备

（一）组建团队
请组建你的团队，并对组内成员进行分工。

（二）准备器材
本项目需要的传感器和其他器材如表 14-1 所示。

表 14-1 器材需求表

序号	名称	数量	用途
1	声音传感器	1个	监测啼哭装置
2	水分传感器	1个	监测尿床装置
3	压力传感器	1个	监测翻床装置
4	MP3 模块	1个	音乐播放装置
5	热熔胶枪	1把	粘贴零件与材料
6	ESP32 主控板	1块	装载程序
7	杜邦线	若干	连接电路
8	木板	若干	制作婴儿床外观
9	红色 LED 灯模块	1个	本地端警示灯装置

（三）传感器介绍
1. 声音传感器
声音传感器内置一个对声音敏感的电容式驻极体话筒。声波使话筒内的驻极体薄膜振动，导致电容变化，从而产生与之对应变化的微小电压。这一电压随后被转化成 0～5 V 的电压，经过 A/D 转换被数据采集器接受，并传送到 Arduino UNO 主控板上。Arduino UNO 可以通过它感知声音的大小，并转化为模拟信号，即通过反馈的电压值来体现声音的大小。

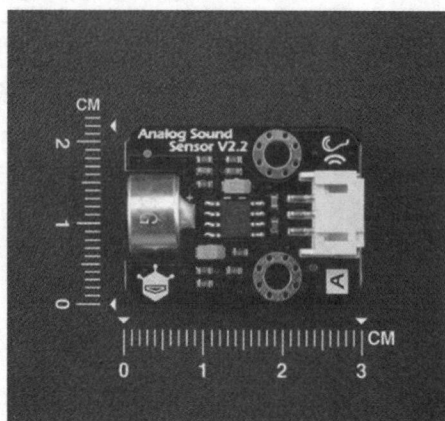

图 14-3 声音传感器

2. 水分传感器

水分传感器是简单易用的水分检测工具，是一种利用湿度方式检测有没有水分的传感器。当检测到有水分的时候，湿度将增大，随之电压升高，模拟值示数上升。在本案例中，我们采用水分传感器来作为检测婴儿尿床的装置。

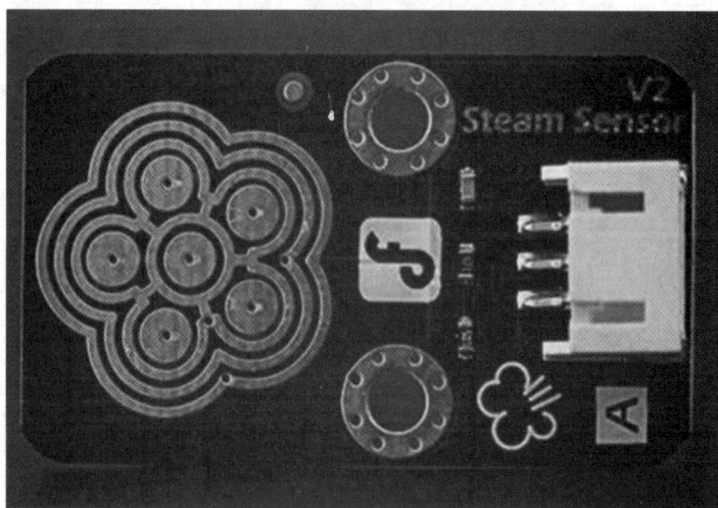

图 14-4 水分传感器

3. 压力传感器

RP-C18.3-LT 是一款直径为 18.3 毫米的圆形短脚柔性薄膜压力传感器，使用非常方便，撕下保护膜就可将传感器粘贴在被探测部位。适用范围也比较广泛，可主要用于压力开关，如婴儿在床离床监测，智能跑鞋，以及在医疗设备上检测人体受压程度等方面。

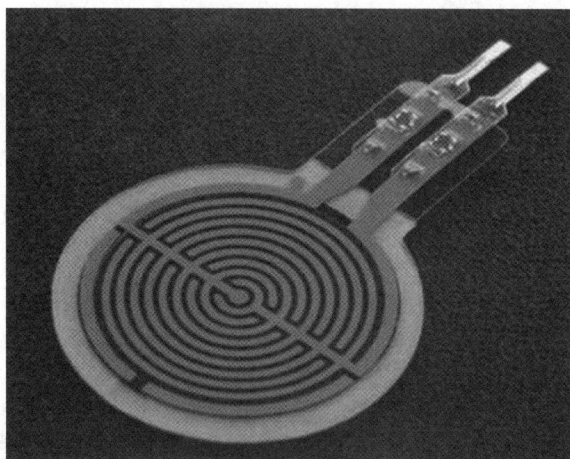

图 14-5 压力传感器模块

4.MP3 模块

MP3 模块（U 盘模式）采用以 GD5801 为核心的 MP3 音乐播放模块，完美集成了 MP3、WMV 的硬解码，具有板载扬声器功放，可以直接播放音乐，通过简单的串口指令即可完成播放指定的音乐，以及控制播放音乐等功能。它无需繁琐的底层操作，使用方便，稳定可靠。在本次案例当中，我们将利用 MP3 模块作为播放音乐安抚婴儿的功能装置。

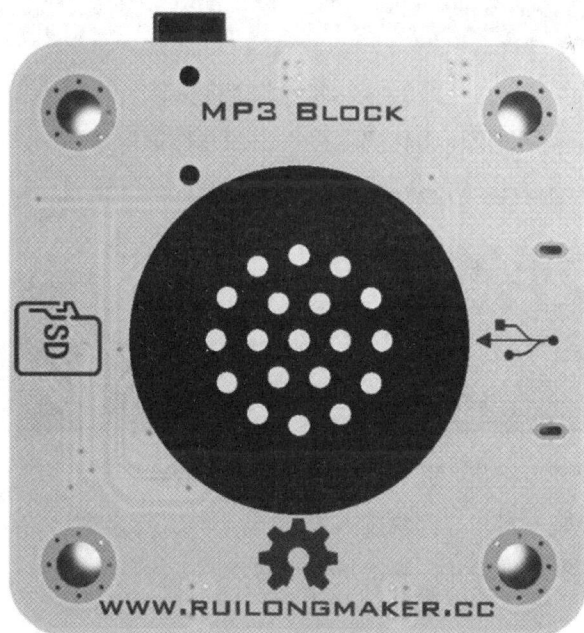

图 14-6 MP3 模块

三、动手实践

（一）主要硬件的编程测试

1. 测试声音传感器。将声音传感器接入主控板的模拟口 39，通过串口监视器来监测声音的阈值，一般而言，正常说话的声音分贝值大概在 35 分贝左右，因此我们在编程的时候，要注意分贝值的设置。

图 14-7 测试声音传感器

2. 测试水分传感器。把水分湿度传感器接入主控器模拟口 36。在 Mixly 程序中用串口换行打印的方式检测水分传感器获取的湿度值，并测出峰值和谷值。

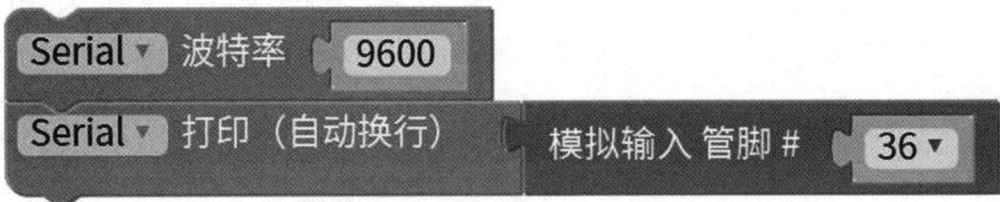

图 14-8 测试水分传感器

3. 测试压力传感器。把压力传感器接入主控器模拟口 34。在 Mixly 程序中用串口换行打印的方式检测压力传感器获取的压力值，并测出峰值和谷值。

图 14-9 测试压力传感器

4. 测试 MP3 模块。将 MP3 模块接入 13 号管脚，并接上载有音频文件的 USB（注意 USB 的格式要求是 FAT/FAT32），测试是否正常播放。

M9101X MP3模块　管脚 # [13 ▼]　设为 [播放 ▼]

图 14-10　测试 MP3 模块

（二）软件流程设计

根据任务分析，婴儿床的主要功能是将各传感器数值上传到服务器云端，让家人能够无时无刻了解到家中的情况，同时本地端也要执行相应的操作。当婴儿啼哭，则应播放歌曲安抚婴儿；当婴儿尿床应当亮起警示灯；当小孩离开床体，为避免意外，应当在离开的瞬间，响起警报。

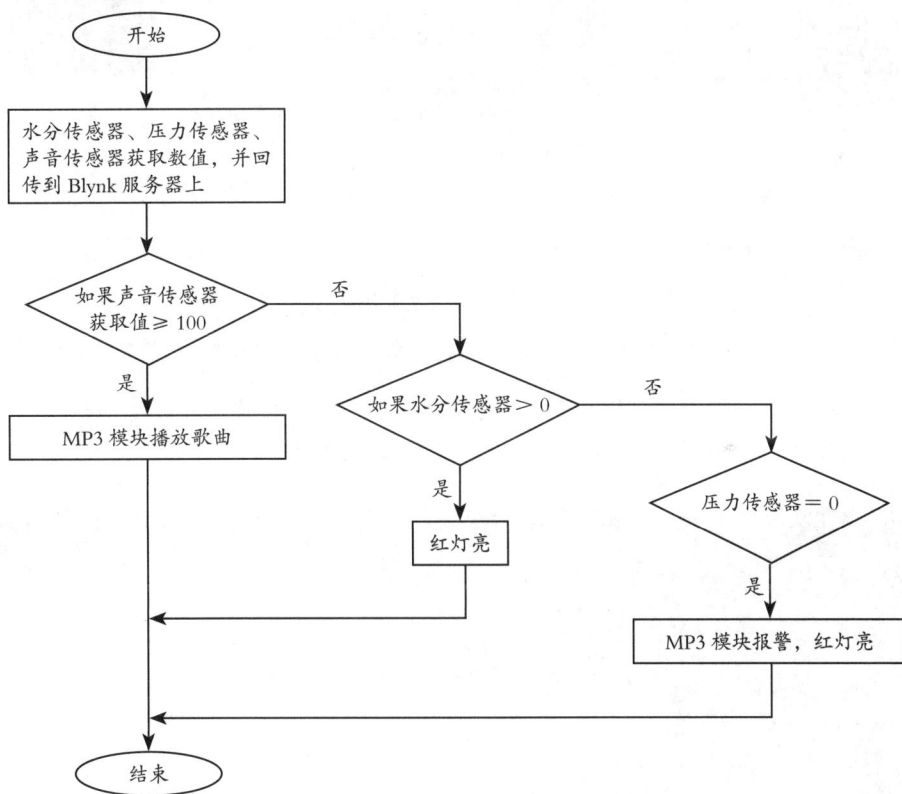

```
            ┌────────┐
            │  开始  │
            └────────┘
                │
    ┌───────────────────────┐
    │ 水分传感器、压力传感器、│
    │ 声音传感器获取数值，并回│
    │ 传到 Blynk 服务器上     │
    └───────────────────────┘
                │
         ◇─────────────◇         否
        ╱ 如果声音传感器 ╲ ──────────────┐
        ╲ 获取值 ≥ 100   ╱                │
         ◇─────────────◇                 │
              │ 是                         │
    ┌───────────────────┐         ◇─────────────◇      否
    │  MP3 模块播放歌曲  │        ╱ 如果水分传感器>0 ╲ ──────────┐
    └───────────────────┘         ◇─────────────◇              │
              │                        │ 是                     │
              │                   ┌─────────┐          ◇─────────────◇
              │                   │ 红灯亮  │         ╱ 压力传感器=0  ╲
              │                   └─────────┘          ◇─────────────◇
              │                        │                    │ 是
              │                        │          ┌───────────────────┐
              │                        │          │ MP3 模块报警，红灯亮 │
              │                        │          └───────────────────┘
              │                        │                    │
            ┌────────┐                 │                    │
            │  结束  │◀────────────────┴────────────────────┘
            └────────┘
```

图 14-11　程序设计流程图

（三）连接硬件设备

首先将红色 LED 模块接入 5 号数字口，将 MP3 模块接入 13 号模拟口，水分传感器接入 36 号模拟口，声音传感器接入 39 号模拟口，压力传感器接入 34 号模拟口。

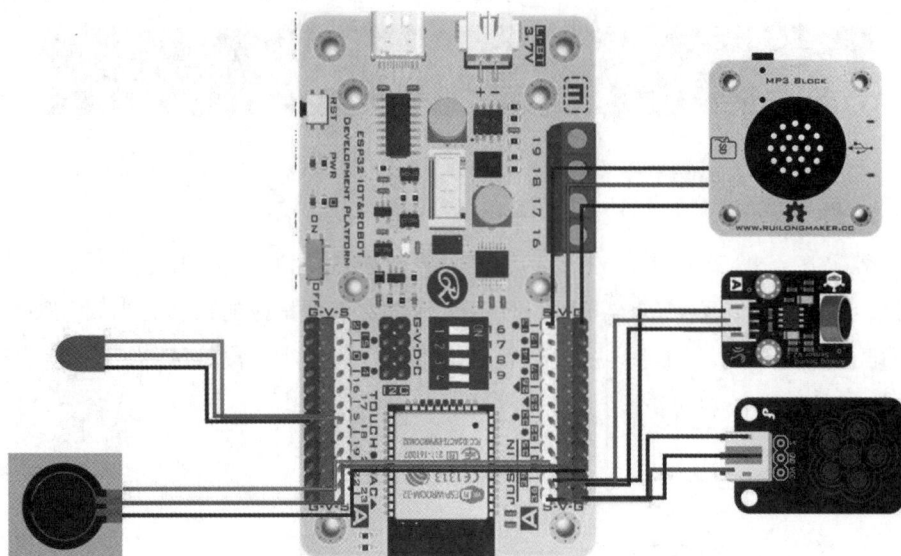

图 14-12 硬件连接图

（四）程序编写与测试

（1）打开 Mixly 编程软件，按照以下步骤来编程调试并运行。

步骤 1：编写声音传感器的程序，并调试适当的分贝值来模拟婴儿啼哭的声音，以此作为传感器工作的临界值。当婴儿啼哭时，蜂鸣器就开始执行播放歌曲的程序，演奏动听的乐声来安抚婴儿，同时红色报警灯亮起，提醒家人。

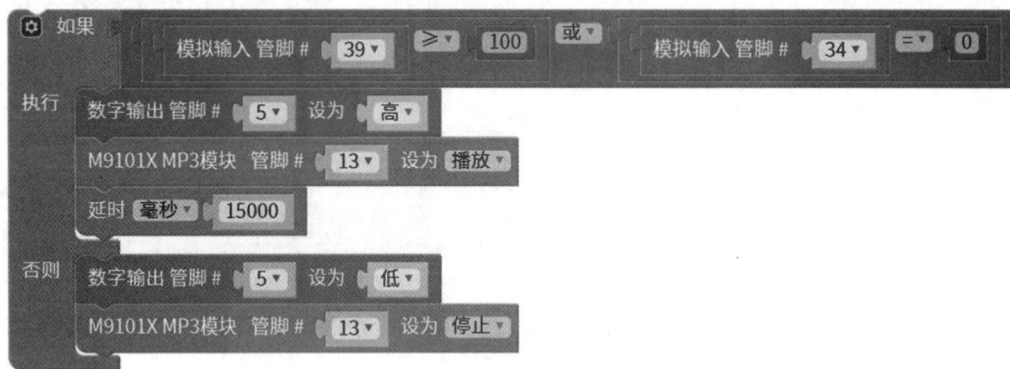

图 14-13 声音传感器调试程序

步骤 2：编写水分传感器的程序，并调试适当的湿度值来模拟婴儿尿床时的湿度，以此作为传感器工作的临界值。当婴儿尿床时，红色报警灯亮起。

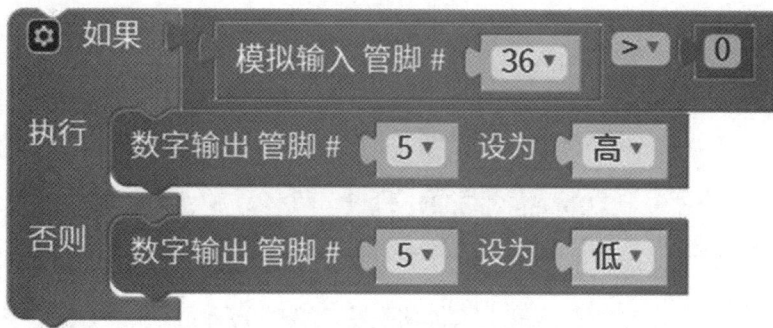

图 14-14　水分传感器调试程序

步骤 3：编写压力传感器的程序，当婴儿攀爬护栏离开床体时，发出短促的报警声并亮起红色报警灯。

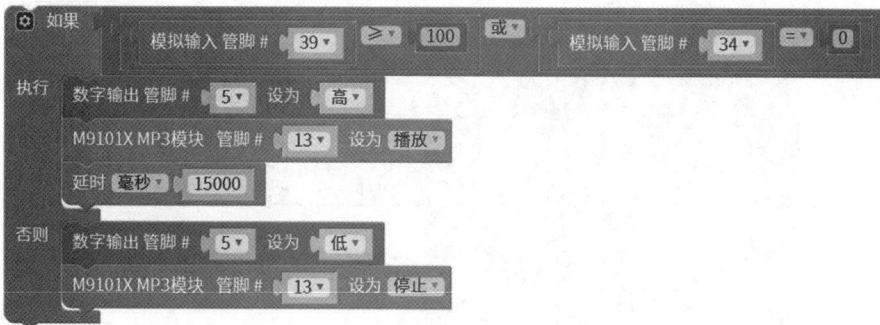

图 14-15　压力传感器调试程序

步骤 4：编写上传 Blynk 服务器的程序。分别声明 3 个整数变量，并分别赋值存储压力、声音和水分的数值。搭建好服务器信息，并将 3 个变量数据以 1 秒的间隔时间不断回传到服务器上。

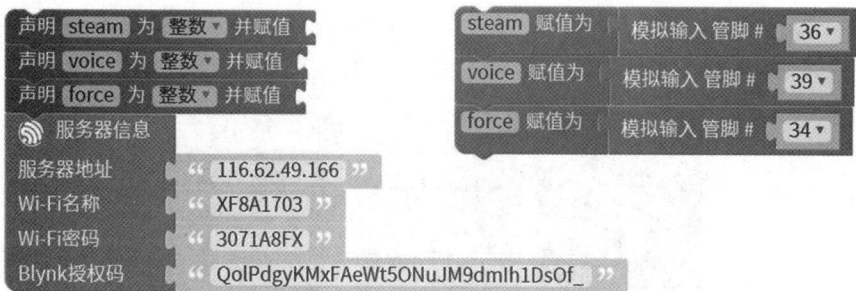

图 14-16 上传服务器云端部分程序

步骤 5：编写接收 Blynk 服务器端控制本地 MP3 模块的程序，包括控制音量、播放 / 暂停、上下曲目等操作。

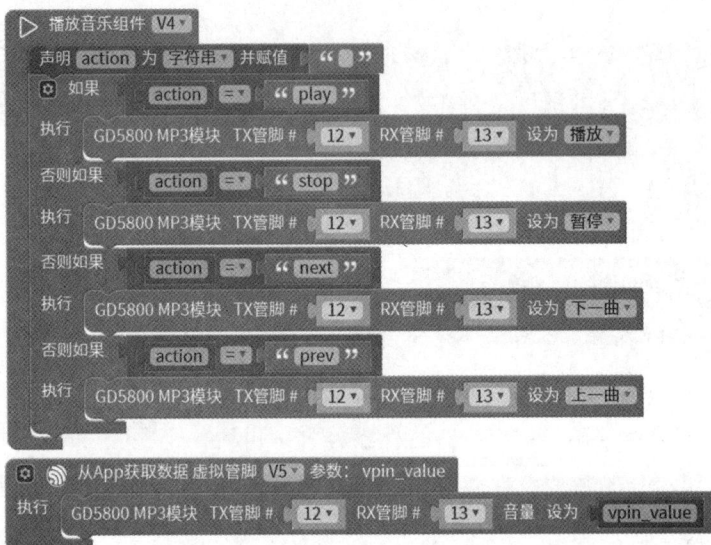

图 14-17 Blynk 服务器端控制本地 MP3 模块的程序

（2）打开 Blynk 应用软件，新建项目，按照以下步骤来编程调试并运行。

步骤 1：添加项目控件"Value Display""Slider"和"Music Player"。

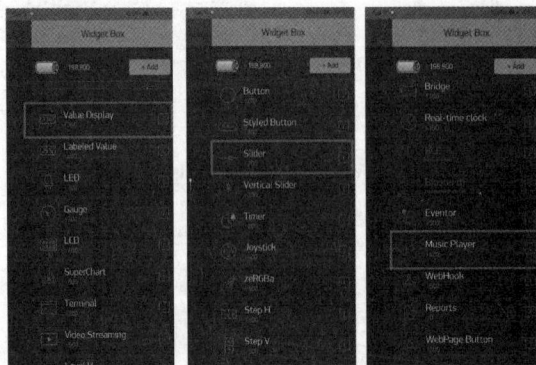

图 14-18 Blynk 服务器端添加控件

步骤 2：设置各个控件参数，其中 3 个 "Value Display" 分别设置为 "压力" "湿度" 和 "声音"，虚拟端口分别为 V0、V1、V2，各个传感器的峰值谷值不尽相同，因此各个控件显示的阈值也需要分别设置。

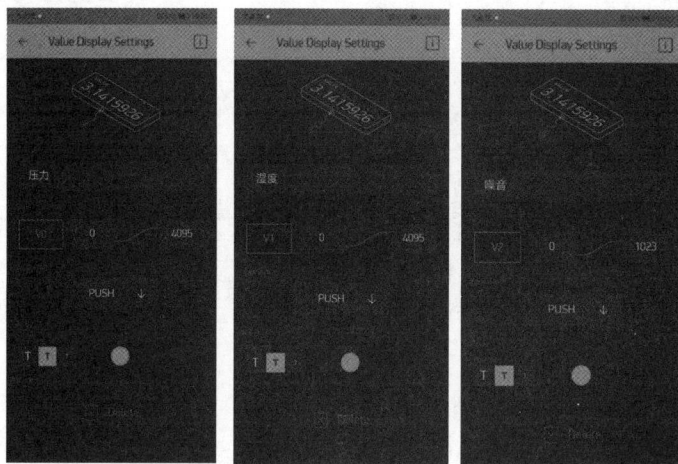

图 14-19　"Value Display" 详细参数设置

步骤 3：设置各个控件参数，其中 "Slider" 和 "Music Player" 的虚拟端口分别为 V4、V5，音量滑块需要设置范围值，范围是 0 至 30。

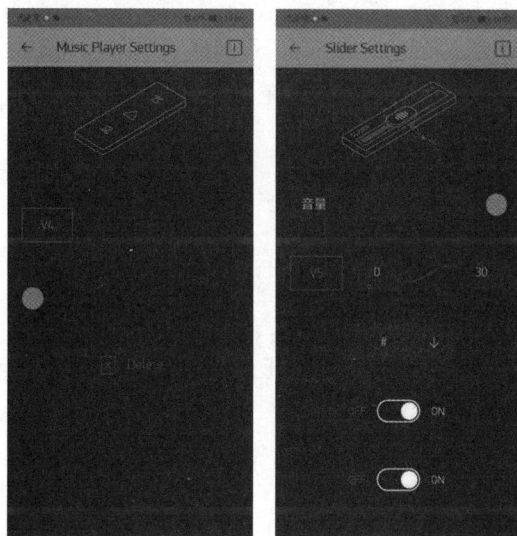

图 14-20　"Slider" 和 "Music Player" 详细参数设置

（五）工程制作

1. 测量传感器尺寸，并填写下列表格。

表 14-2 传感器大致尺寸图

序号	名称	长 × 宽 × 高（cm³），直径（cm）	是否需要外露等要求
1	声音传感器		
2	水分传感器		
3	压力传感器		
4	MP3 模块		
5	ESP32 主控板		
6	红色 LED 灯模块		

2. 制图与布局。

制图是为了适应各个主要硬件固定在所在位置而去制作所需的外观结构图。根据所有硬件的尺寸和放置位置，估算出产品的大概长、宽、高。可以根据上表测量的硬件尺寸值用纸笔画出其大致外观，我们这里是使用一款激光切割机连接的画图工具制作，制图软件很多，同学们可以根据自己情况，选择合适的制图方式。

图 14-21 Laser Maker 制婴儿床设计图

3. 选取材料制作外观。

我们选用木板，放在激光切割机中切割成型（需在老师指导下进行，并做好安全防护措施）。同学们可使用废旧瓦楞纸、KT 板等材料制作外观。在使用各种工具时需注意安全，做好用电防护，做好护目、护肤措施。

图 14-22　Laser Maker 制婴儿床切割件

4. 拼接成型，适应测试。

逐个放入硬件，看尺寸是否合适，若不合适，需要调整激光切割的各个参数，或用其他工具修整外观结构。

5. 固定硬件，使之形成作品。

逐个固定硬件，可以采用上螺丝方式，也可采用热熔胶固定。

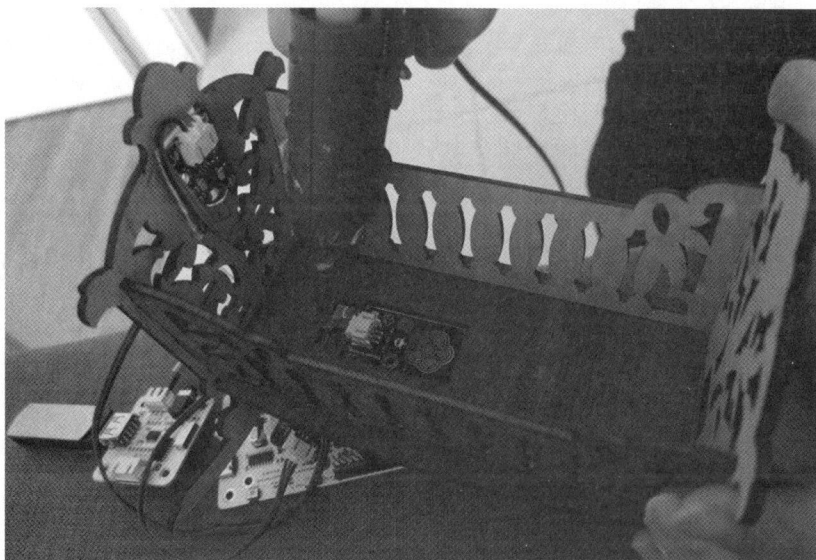

图 14-23　Laser Maker 固定婴儿床切割件

6. 通电测试。可以自行模仿小孩子啼哭，观察婴儿床是不是会真的自己"开口唱歌"。

图 14-24 智能婴儿床成品图　　图 14-25 Blynk 应用软件端测试截图

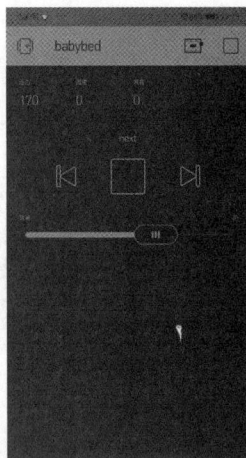

7. 问题探索与程序调试。

相信同学们在程序编写和工程制作中遇到了不少问题，请同学们在表 14-3 中填写调试记录。

表 14-3 调试记录表

问题探索或调试项目	问题分析
1. 声音传感器是否能听音识别？	
2. 水分传感器是否能检测干湿？	
3. MP3 模块能否正常播放乐曲？音调能否准确调节？	

同学们，我们已经掌握了智能婴儿床的基本制作原理，在这里我们学会了声音传感器和水分传感器等控制婴儿床体的智能运作原理机制，还能用哪些传感器对我们的作品功能进行改进？（如摄像头实时监测、表情识别……）

扫码下载学生工作纸，提取码 ssck

四、阅读拓展

智能婴儿床——终于大家都能睡个好觉了

父母们总想把最好的一切都给予孩子，让其快乐成长。而似乎和儿童用品不沾边的汽车厂商福特现在也将目光锁定在这一块，发布了一款能够让婴儿甜美入睡的科技产品 Max Motor Dreams 智能婴儿床。

很多人可能都有这样的体验，那就是哄小孩入睡是一件天大的难题。根据 2013 年的一项统计，在英国，婴儿出生的第一年中，父母每晚的睡眠时间只有 5.1 小时。

Max Motor Dreams 智能婴儿床能够不再让你拖着疲惫的身躯一次次地千方百计哄婴儿入睡，只要将宝宝放在这个神奇的智能床上，后续的一切都不用你担心，而且宝宝的入眠体验将会达到最佳。

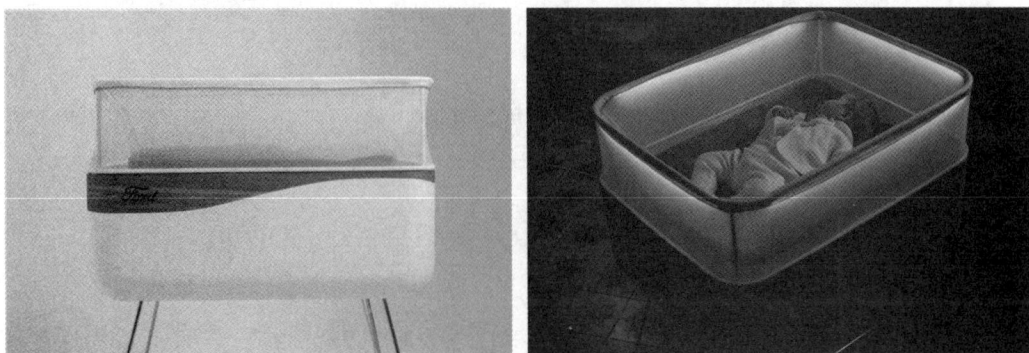

图 14-26　Max Motor Dreams 智能婴儿床

Max Motor Dreams 智能婴儿床采用了简洁的设计，可以立式摆放。婴儿床的上部分采用了轻柔的纱巾，透气且触感舒适，宝宝不易被蚊虫干扰。在床的侧边提供了一圈 LED 灯，可以模拟汽车在晚间经过的霓虹灯效果。底部有扬声器及柔和的底垫，床喇叭可以模拟汽车微弱的发动机声音。它可以进行轻摇，模仿汽车在行驶，加快孩子入眠，让孩子安静进入梦乡。同时，福特还打造了一款 App，可以录制你经常回家的线路声音和环境，这样熟悉的生活场景也能够帮助宝宝适应坏境从而感到安心并且尽快入睡。（摘自网络）

第15课 看图识数（AI图像识别）

一、观察与思考

人工智能（AI，Artificial Intelligence）是计算机科学的一个分支，它试图了解智能的实质，并生产出一种新的能以人类智能相似的方式做出反应的智能机器，该领域的研究包括机器人、语言识别、图像识别、自然语言处理和专家系统等。图像识别是人工智能的一个重要领域。2012年多伦多大学学者使用深度卷积神经网络算法（CNN）实现图像识别，准确率大幅提升了10.8%，在ImageNet竞赛中CNN图像识别高出第二名41%（ImageNet是一个计算机视觉系统识别项目）。

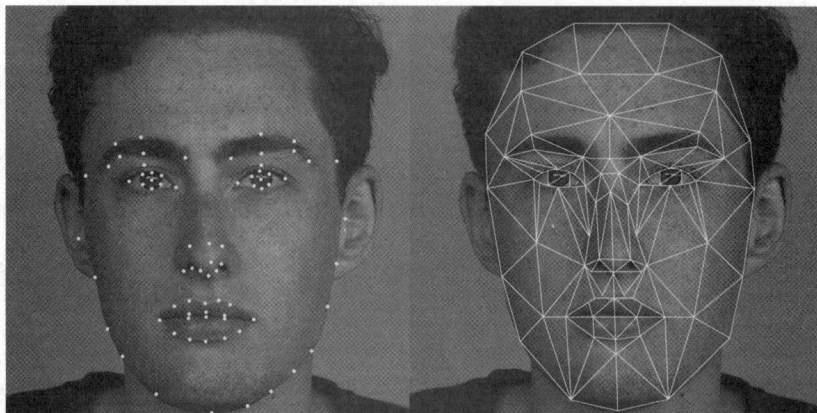

图 15-1 人脸识别

图 15-2 图像识别

任务：

　　同学们，图像识别的典型应用就是物体、文字、图片和人脸识别，我们能否设计制作一个可以识别图像，教小朋友认识数字卡片或交通图形的智能作品？

二、项目筹备

（一）组建团队
　　请组建你的团队，并对组内成员进行分工。

（二）准备器材
　　本项目需要的传感器和其他器材如表 15-1 所示。

表 15-1 器材需求表

序号	名称	数量	用途
1	MU 视觉传感器	1 个	图像识别
2	语音模块	1 个	68 段日常用语
3	木板、亚克力板	若干	作外壳
4	美工刀等工具	若干	切割材料
5	热熔胶枪	1 把	粘贴零件与材料
6	UNO R3 主控板	1 块	带扩展板
7	杜邦线	若干	连接电路
8	自锁按钮	1 个	开关用

（三）传感器相关知识介绍

1.MU 视觉传感器

　　MU 视觉传感器是一款用于图像识别的传感器，其内置的深度学习引擎可以识别多种目标物体，例如颜色检测、球体检测、人体检测（包含手势识别）、卡片识别等。它体积小巧，功耗低，所有算法本地处理，无须联网，可广泛应用于智能玩具、人工智能教具、创客产品等项目或领域。

图 15-3 MU 视觉传感器

深度学习（DL，Deep Learning）是机器学习（ML，Machine Learning）领域中一个新的研究方向，它被引入机器学习使其更接近于最初的目标——人工智能。深度学习是学习样本数据的内在规律和表示层次，这些学习过程中获得的信息对诸如文字、图像和声音等数据的解释有很大的帮助。它的最终目标是让机器能够像人一样具有分析学习能力，能够识别文字、图像和声音等数据。深度学习是一个复杂的机器学习算法，在语音和图像识别方面取得的效果，远远超过先前相关技术。

2. 语音模块

语音模块（68 段日常用语）采用 otp 语音芯片，内置 68 段日常用语，通过单总线即可控制播放，可以实现内置所有语音的播报、8 级音量控制、循环播放。

图 15-4 语音模块

三、动手实践

（一）主要硬件的编程测试

1.MU 视觉传感器识别颜色。把 MU 视觉传感器接入主控 I2C 接口（将模块输出接 SDA 口接至 Arduino 主控器对应的 SDA 口,SCL 口接至 Arduino 主控器对应的 SCL 口）。注意将模块左侧输出模式拨码开关 1 拨至下方,2 拨至上方,如此即切换至 I2C 模式。在 Mixly 程序中用串口换行打印的方式检测一下识别卡片的颜色,这里我们准备四种颜色的卡片,分别为黑、红、黄、蓝。 我们采用串口打印的方法识别这四种颜色。

首先是初始化 MU 视觉传感器,如图 15-5 所示,需要设置串口波特率,初始化端口 I2C,启用颜色识别的算法,设置摄像头白平衡模式,防止图像偏色。白平衡是描述红、绿、蓝三基色混合生成白色后精确度的一项指标。白平衡是摄像领域一个非常重要的概念,通过它可以解决色调处理的一系列问题。

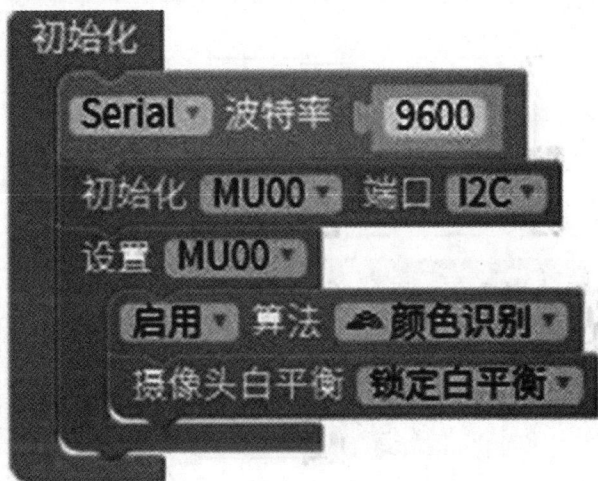

图 15-5 初始化设置

接着就是检测颜色程序,如图 15-6 所示,要重复检测是否在摄像机坐标 $x=50, y=50$ 处检测到颜色,如果检测不到任何颜色就打印"color undetected.",如果检测到就要分别判断。如果是黑色打印"black",红色打印"red",黄色打印"yellow",蓝色打印"blue",其他颜色则打印"unknow"。

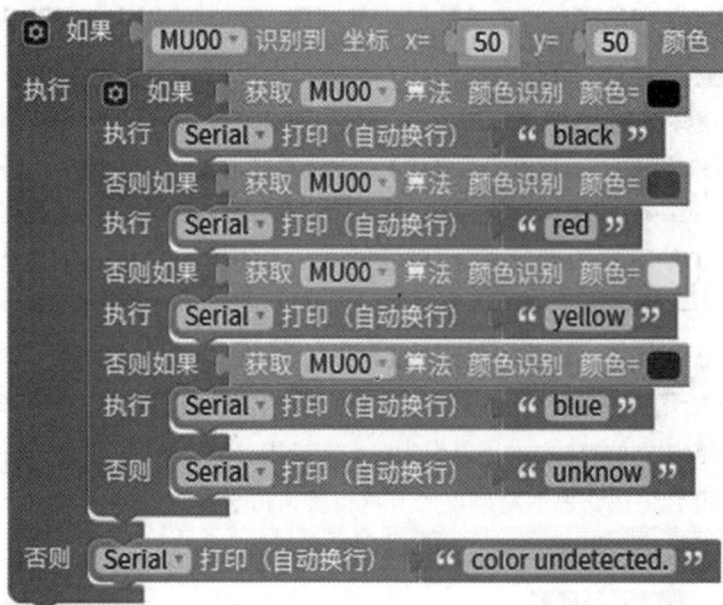

图 15-6 检测颜色

2. 测试语音模块。我们把语音模块接入主控器数字 D1 口，如图 15-7，这个日常语音模块是 Mixly 的第三方库。语音播放的内容为"同学们学习进步"。注意设置语音段的播放等待时间。

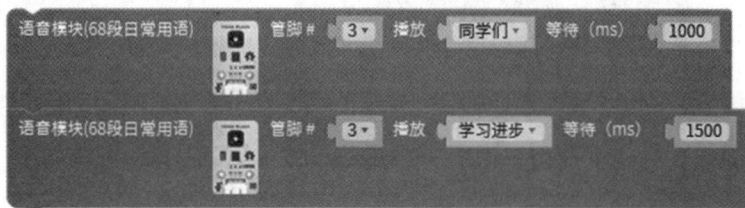

图 15-7 语音测试

（二） 软件流程设计

接入自锁按钮模块作为开关使用。当首次触碰按钮时，开启语音模块和摄像头模块，提示"您好欢迎光临"，执行图像识别程序。再次触碰按钮时，语音提示"谢谢欢迎常来"。图像识别程序检测到数字 1，就语音播报"当前是 1"；检测到数字 2，就语音播报"当前是 2"；依次类推。如果不是数字图像，语音播报"是障碍物"。

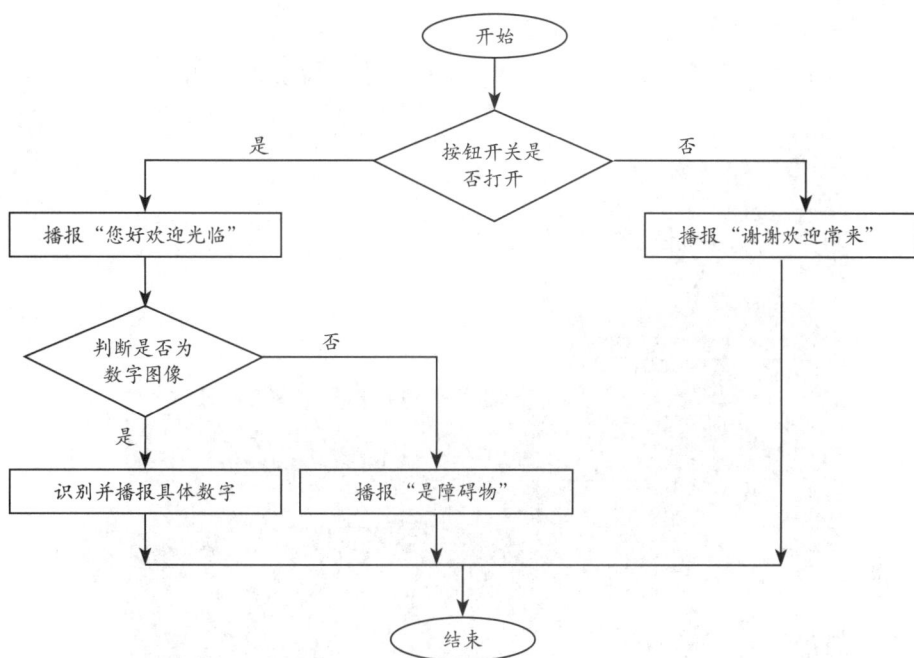

图 15-8　程序设计流程图

（三）连接硬件设备

主控器扩展板数字口 3、5 分别接按钮模块、语音播报模块；MU 视觉模块接主控器 I2C 接口（注意 4 个排线）。如下图所示。

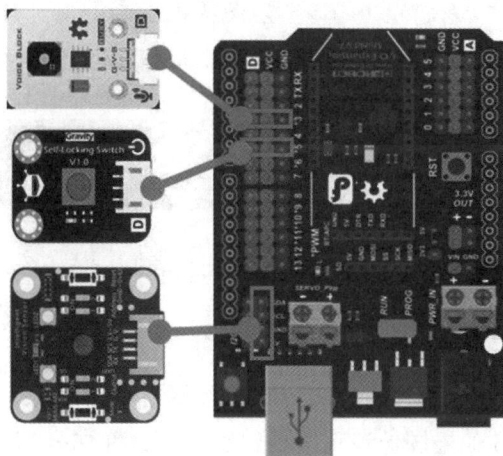

图 15-9　主要硬件连接图

（四）程序编写与测试

1. 初始化 MU 视觉模块，启用数字卡片算法。语音播报欢迎词。

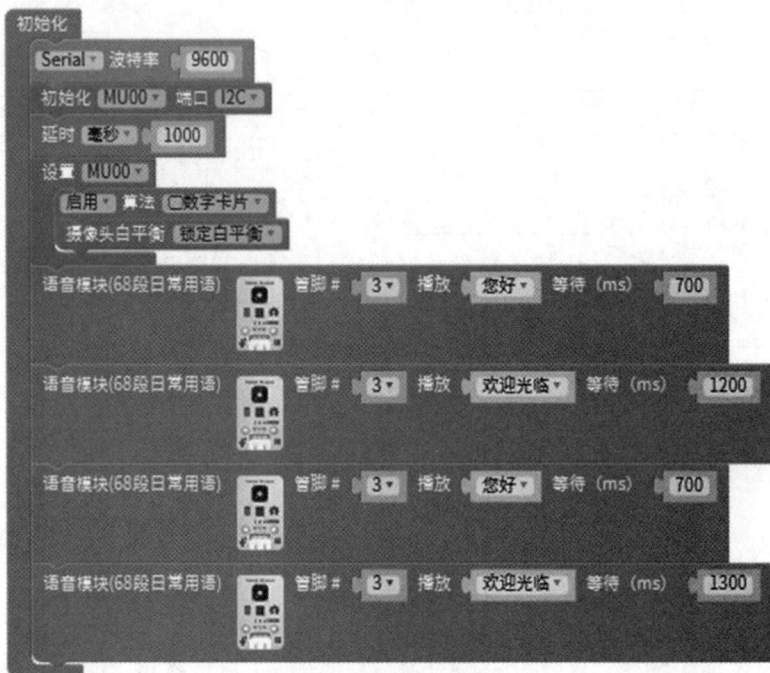

图 15-10 Mixly 编程图示

2. 定义两个程序"tuxiangshibie"为图像识别函数，"byebye"为"说再见"函数。如果当按钮开关被按下时，则执行图像识别函数，否则执行"再见"函数。

图 15-11 Mixly 编程图示

3. 图像识别函数。如果图像识别检测到数字（如图 15-12 所示），则进入获取识别数字的卡片类型，分别判断识别并播报"前方是"和具体的数字（因篇幅较长，根据图 15-12 补全识别的程序部分）。如果识别到非数字图像则播报"前方是障碍物"（如图 15-13 所示）。

图 15-12　Mixly 编程图示

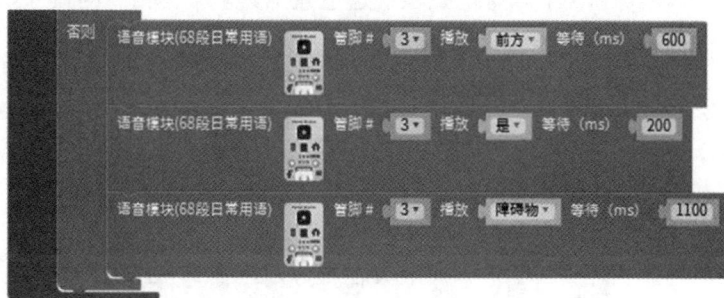

图 15-13　Mixly 编程图示

4. "byebye"函数。此程序块只执行播放"谢谢欢迎常来"。

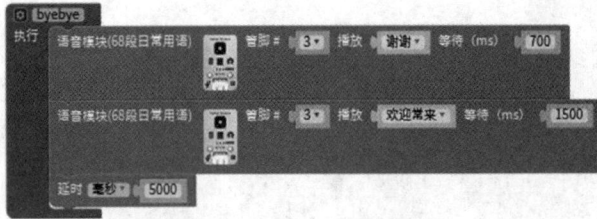

图 15-14 Mixly 编程图示

（五）工程制作

1. 测量传感器尺寸，并填写下列表格。

表 15-2 传感器大致尺寸表

序号	名称	长×宽×高（cm³），直径（cm）	是否需要外露等要求
1	UNO R3UNO 主控板（扩展板）		
2	MU 视觉传感器		
3	语音模块		
4	按钮模块		

2. 制图和布局。制图是为了适应各个主要硬件固定在所在位置而去制作所需的外观结构图。根据所有硬件的尺寸和放置位置，估算出产品的大概长、宽、高。可以根据上表测量的硬件尺寸值用纸笔画出其大致外观，我们这里是使用一款激光切割机连接的画图工具制作，制图软件很多，同学们可以根据自身情况，选择合适的制图方式。

首先，打开 LaserMaker 软件，点击快速造盒工具，根据估算的尺寸填入长、宽、高，生成六个面的预览图。根据实际情况两个盒子中间由两根木条支起。

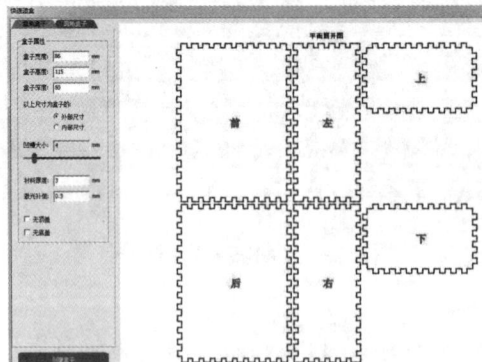

图 15-15 软件制图

第二步，把要外露的硬件所在的位置镂空，如图所示。

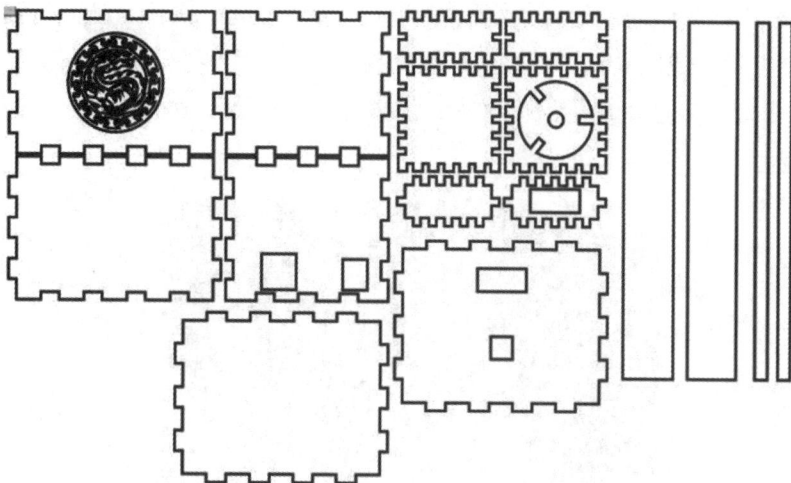

图 15-16　软件制图"镂空"

3. 选取材料制作外观。

我们这里选取亚克力板或者木板，放在激光切割机中切割成型（需在老师指导下进行，并做好安全防护措施）。同学们可使用废旧瓦楞纸、KT 板等材料制作外观。在使用各种工具时需注意安全，做好用电防护，做好护目、护肤措施。

图 15-17　激光切割成型

4. 拼接成型，固定硬件。

把切割出来的木块拼接，放入硬件，看尺寸是否合适，若不合适，需要调整激光切割的各个参数，或用其他工具修整外观结构。最后通电测试。为了测试是否能正常运行，需准备 0～9 的数值图片和其他图片，识别后听语音播放正确与否。若发现问题，需逐步排查。

图 15-18 拼接成型并通电测试

5. 问题探索与程序调试。

相信同学们在程序编写和工程制作中遇到了不少问题，请同学们在表 15-3 中填写调试记录。

表 15-3 调试记录表

问题探索或调试项目	问题分析和解决步骤
1. 如果是一个两位数的数值，图像识别能否实现，如果能实现，怎么编写程序并播报数值？	
2. 利用软件自带的 MU 视觉传感器的第三方库实现手势识别，并用串口打印结果	

同学们，我们已经掌握了图像识别的基本知识，在这里我们学会了制作一个识别数字图像的装置。本课所用 MU 视觉传感器还可以识别很多物体，我们能否做识别篮球和篮球框架的投篮机器人或者识别路标的自动驾驶汽车呢？ MU 视觉传感器还可以识别

手势，能否做一些互动装置？

扫码下载学生工作纸，提取码 ssck

四、阅读拓展

天文学家探索人工智能生成图像的用途

火山、修道院、鸟——Jeff Clune 研究论文中的各种图像都可成为他的假期快照。但事实上，这些图片都是合成的，由深度学习神经网络生成，也就是模仿大脑中神经元连接方式的计算单元的层。

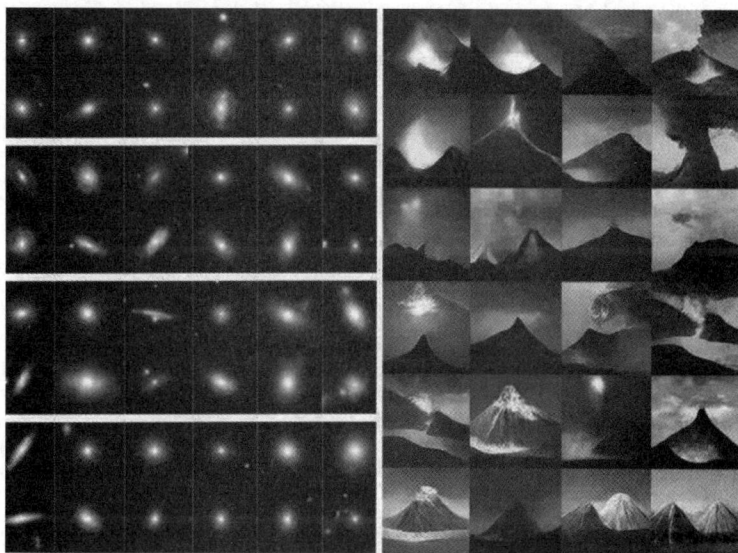

图 15-19 人工智能生成的星系和火山图像

近年来，神经网络在识别、解析图像、视频、语音中的信息上有了巨大的进步。现在，Jeff Clune 这样的计算机科学家正在将脑海中的这些人工智能系统转变成创造生成式

网络，从而能够大量炮制看起来真实的信息。在美国拉勒米市怀俄明州立大学工作的
Jeff Clune 说："我现在有点分不清真实与虚拟。"

纽约大学粒子物理学家 Kyle Cranmer 认为，生成式系统也为神经网络如何解析世界给出了洞见。尽管还不明晰虚拟神经元如何存储、解析信息，它们生成数据的近似真实表明它们对现实世界有所掌握。

人工智能研究员对使用生成式网络训练图像识别软件非常兴奋。更普遍的是，人工智能生成的科学数据可以帮助天文学家和其他研究人员清除数据集中的噪音，从而更好地理解数据集中的模式。

人工智能对抗

在计算机科学领域，围绕生成式网络与图像识别网络一直有争论，都在研究如何改进两者的表现。据 Facebook 人工智能团队负责人 Yann LeCun 所言，这些生成式对抗网络（GAN）是"过去 20 年中深度学习领域最酷的想法"。

神经网络分析判别人类标记过的训练图像，给出"维多利亚式房屋"或者"金毛猎犬"的描述。训练的过程告诉人工智能如何调整虚拟神经元之间的连接，以便于最终能够学会自我标记，包括标记新的图片。

在 GAN 中，两个神经网络一起训练，外界给予很少的帮助。生成式网络产生虚假的图像，判别式网络尝试辨别这些虚假图像的真实性。之后，判别器检查哪些图像是真实的，哪些是虚假的，以便于更好地进行区分。生成器从未见过真实的图像，相反，判别器会告诉它如何调整输出，从而使得生成的图像更真实。

人工智能生成图像

非营利组织 OpenAI 的计算机科学家 Ian Goodfellow 说："你可以把判别器视为老师，教生成器如何进步。"他补充说："换言之，判别器就像银行家，帮助造假币的人学习如何造假币。"Ian Goodfellow 在 2014 年想到了 GAN，当时他还是机器学习先驱 Yoshua Bengio 的学生。他说，博弈论表明，在理论上，生成器最终将让判别器也无法区分真假。

"人工智能图像识别系统使用 GAN 能比传统的深度学习系统更高效地学习。"Ian Goodfellow 说。在数百张训练图像的基础上就能很熟练，目前顶尖的图像识别需要成千上万张。这可能帮助医疗诊断这样的应用，这些领域虽然有大量的病人数据，但大部分受到了隐私的限制。

　　人工智能研究员创造了大量生成图像的方式。一种被称为变分自编码器（VAE），阿姆斯特丹大学的计算机科学家 Max Welling 说它能够产生比 GAN 稍微不太真实但更多样的图像。而且其他团队结合 GAN 和 VAE 开发出了更进一步的变体。在 Clune、Bengio 和其他人合作的最新的一篇论文中，他们研究网络结合来生成真实的 图像。

人工数据

　　在基础科学中，生成人工智能（Generative AI）看起来更有前途。Max Welling 说，他正在帮助开发 Square Kilometre Array（SKA）——一座在南非和澳大利亚建立的射电天文台。SKA 将产生大量的数据，它的图像需要被压缩成低噪声但不完整的数据。生成人工智能模型将会帮助重构并填补这些数据的空白部分，产生天文学家能够进行实验的天空图像。

　　卡耐基梅隆大学的天体物理学家 Rachel Mandelbaum 带领的一支团队正在实验使用 GAN 和 VAE 模拟因引力透镜效应而看起来畸形的星系图像。研究人员打算研究大量的星系图像，来绘制宇宙历史中的引力透镜效应（gravitational lensing）。这能演示宇宙的物质如何随时间变化的分布，为研究导致宇宙爆炸的暗能量的性质提供线索。但为了做到这一点，天文学家需要可靠的软件分离引力透镜和其他的影响。Rachel Mandelbaum 提出合成图像能够改进该项目的准确性。

　　许多科学家希望最新的人工智能神经网络能够帮助他们发现大型、复杂的数据集中的模式，但一些人对黑箱系统的解释难以信任，它内部的工作机制是神秘的。即使虚拟神经元看起来给出了正确的答案，它们可能对世界会有错误的理解。Kyle Cranmer 认为假如生成元素可能会有所帮助，"如果它能生成看起来真实的数据，那它就更具有说服力。无论黑箱是什么，它确实学到了物理性质"。

　　Jeff Clune 比较担心生成式算法。考虑到它们的潜力，他担心机器某天能够产生以假乱真的图像或视频时所带来的社会影响，比如可能说，特朗普接受了普京的贿赂。他表示，"我认为，这会逐渐成为社会中一项有趣的挑战"。（选自 nature）